JN069199

「仕事の
速い人」
になる時間術
101

なぜ、サボる人ほど成果があがるのか？

理央 周

日本実業出版社

「サボる時間」がないから忙しい——はじめに

仕事で大切なのは、「成果（あなたの価値）」を生み出すことです。

その最大の秘訣は、「サボる時間」を確保することにあります。こういうと、「忙しくて、サボれないのです」とよく言われるのですが、そうではありません。「忙しくてサボれない」のではなく、**「サボる時間がないから忙しい」**のです。

私は、新卒で自動車部品のメーカーに勤めました。当時の私は、深夜残業や休日出勤は当たり前、それを理由に当時の恋人（現在の妻）とのデートをリスケしてもらったことも一度や二度ではありませんでした……。

そのあと、外資系企業のフィリップモリスに転職しました。ここでは、成果さえ出していれば、どう時間を使っても文句は言われません。残業もしなくていいのです。逆に、生真面目にコツコツやっても、成果につながらなければ評価されませんでした。

こうなると必然的に「成果を生み出すためにはなにをすればいいか？」を考えるようになります。そこで、周りの先輩たちを観察してみました。すると、多くの先輩たちが机に向かい、まめに会議に出ているなか、いつも成果を出す先輩は、オフィスをうろつき雑談をしています。ランチになるといなくなり2、3時間は帰ってきません。そして残業もせず、異業種交流会や自分磨き、流行りの場所にやたらくわしいのです。この違いはどこにあるのだろうと、先輩に聞いてみると、「ランチや遊びのついでにターゲットを観察してるんだよ」とのこと。私は「オフィスにいない時間も仕事につなげているんだ」「成果を出す仕事は常識の外にもあるんだ」と学びました。

このような一見仕事をしていないように見えるけれど、成果につながる自由な時間を、「サボる時間」と私は呼んでいます。この「サボる時間」のなかで、将来の企画の発想を練ったり、現場の生の情報を得たりして、仕事に生かすのです。

私も「サボる時間」をつくるようになって、おもしろいように成果が出せるようになりました。起業後も、多くの「できる人たち」と仕事をし、顧客の成果に貢献することで、キャリアを積んできました。

その経験で培った、**最短の時間で、最大の成果を生み出す「タイムパフォーマンス（タイパ、時間対成果）」をあげる工夫を本書で紹介**します。

「毎日生きること」を「人生の経営」だと考えると、時間は重要な経営資源です。時間の使い方を変えれば、仕事の成果にくわえて人生の充実度も大きく変わります。

ここで注意したいのは、時間を管理するより前に「タスク＝やるべきこと」を管理することです。時間は、なにかをやめるか、誰かに任せることでしかつくれません。

そう考えると、**時間の使い方の前に、不要で優先順位の低い「やめること」を決めるのが最善です。**そこで本書では、「**なにをやめたほうがいいか、それはなぜか、どうすればいいか**」**がわかりやすいように、○×の対比で構成**しました。

まずは、第1章で本書で紹介する時間術のポイントをつかんだ後に、目次を見て、気になるところや興味のあるところから読めば、あなたの課題を解決するヒントが見つかるでしょう。

あなたの人生の貴重な経営資源である時間の使い方を変えることに、本書が少しでもお役に立てれば、著者としてそれほどうれしいことはありません。

2023年2月

著者　理央　周

第1章 なぜ、サボる人ほど成果があるのか？

第2章

「サボる時間」をつくる段取り

第3章 速く考えて「すぐやる」

第4章 「対話」をテンポよく進める

第5章 1人で抱え込まずに周りを巻き込む

第6章 メールに時間をかけすぎない

第7章 会議で時間をムダにしない

第8章 スピーディに資料を作成する

第9章 「作業効率」をあげる

第10章 人生を楽しむために

カバーデザイン　西垂水敦（krran）
カバーイラスト　SAWAMI
DTP　一企画

第1章

なぜ、サボる人ほど成果があるのか？

× タイパの低い人

いつもデスクワークしている

←

○ タイパの高い人

サボっているように見えて成果を出す

机にいるだけでは成果は生まれない

仕事はデスクに向かってやるものと思っていませんか？　じつは、仕事の成果につながるカギは現場・現物にあります。**現場・現物とは、マーケターであればターゲット層がいそうな場所や売り場のこと、メーカーなら生産ラインなどの現場のこと**です。

私がフィリップモリスという外資系企業にいたときの、ある先輩マーケティングマネジャーは、よく会社を抜け出していました。会社にいるのは必要最低限でいつ仕事をしているのか、疑問に思っていたものです。それでも彼がつくるマーケティングプランや広告キャンペーンは洗練されていて、担当ブランドを大きく成長させていました。

私からすれば、その先輩が会社の外でなにをやっているかよくわからなかったこともあり、最初はサボっているように見えていました。そこで聞いてみたところ、販売店や流行りの店に行って、世の中の動向を探っているとのことでした。データだけでは得られない一次情報をもとに、成果をあげられるプランを考え抜いていたのです。

このことを聞いてから、販売店でマーケットをチェックしたり、スポンサーをしていたレースイベントで観客を観察したりするように努めました。現場ならではの生の情報を大切にするようになり、おもしろいように成果を出せるようになったのです。

机でパソコン作業ばかりしていて成果が冴えない人と、会社にはいないけれどしっかり成果を出す人であれば、後者のほうが当然評価されるでしょう。

× タイパの低い人

「ゆとり」だけを求める

○ タイパの高い人

「成果」と「ゆとり」を両立する

大前提は「成果」を出すこと

本書でいう、**サボる時間とは、自由に使える時間のこと**です。時間に余裕があれば、気持ちにゆとりも持てるようになります。このゆとりがあるからこそ、成果につながる仕事に専念できます。デスクだけでは、思い浮かばないアイディアを思いついたり、得られない情報を入手できたりもします。これらのカギになるのは、「成果」です。

私の経営者仲間には、しょっちゅう遊びに出かけていますが、「いつ働いてるんだろう？」と思うぐらいに、仕事で目覚ましい成果をあげている経営者がいます。

一方で、本当に遊んでいるだけで、どういう仕事をしているのかを聞いてもまともな答えがかえってこない人もいます。

みなさんに目指していただきたいのは、前者のように、**「成果」と「ゆとり」を両立する働き方**です。

やることをやって生み出すべき成果を出していれば、仕事にまったく関係のないことをして、文字どおり「サボる」のもありだと考えています。私の経験では、仕事とプライベートを分けずに毎日を過ごせるほうが、人生は楽しくなるものです。

こうした生き方は、以前は経営者やフリーランスならではのものでしたが、リモートワークの導入や働き方の多様化により、会社員の人でも実現しやすくなっているのではないでしょうか。

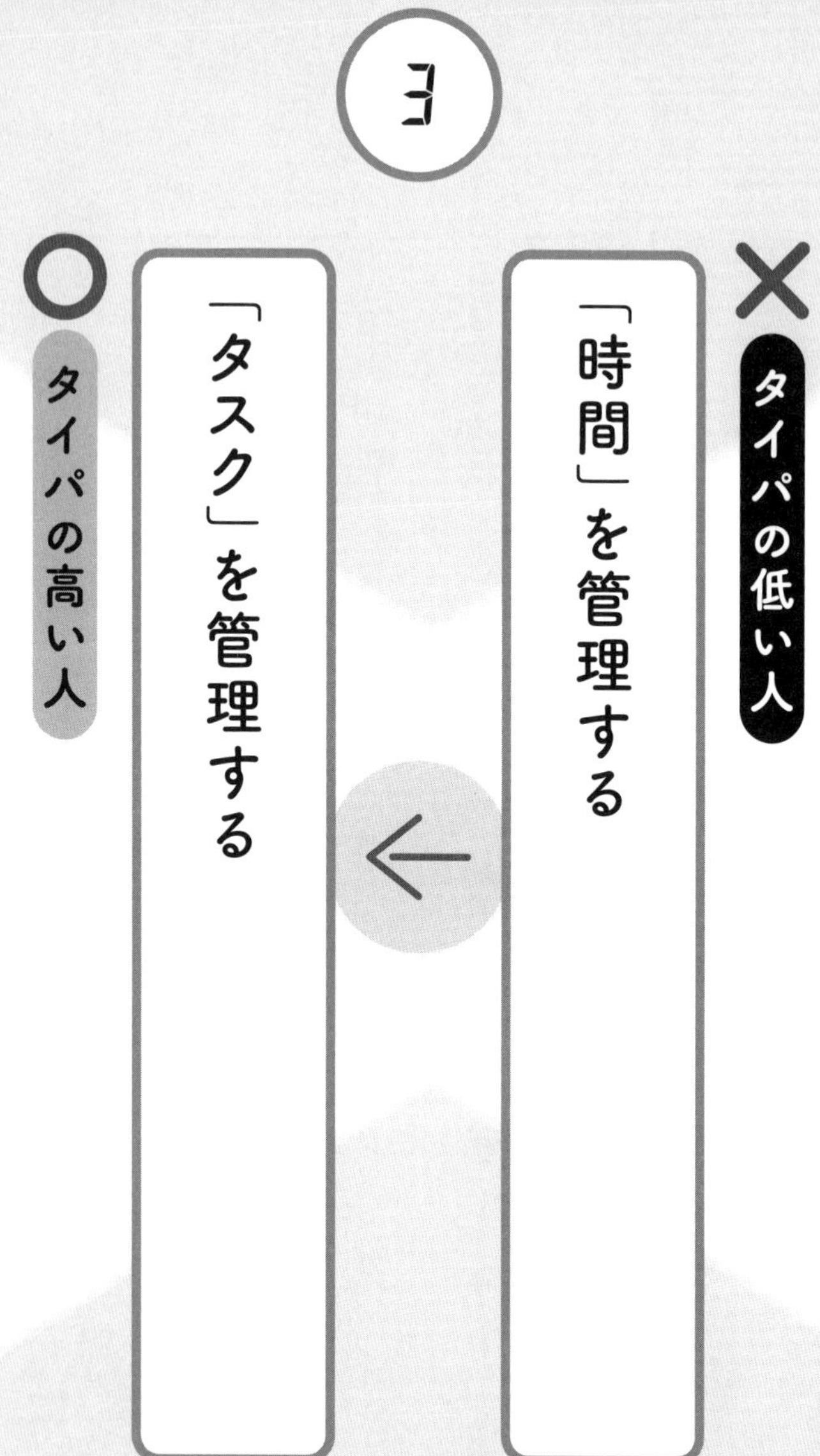

3
×
タイパの低い人
「時間」を管理する
○
タイパの高い人
「タスク」を管理する

タスクが先、時間はあと

「あれもこれもやらないといけないのに時間がない」

こう悩むビジネスパーソンから、「どうすればうまく時間管理できますか？」「スケジュール管理は、どんなアプリを使っていますか？」という質問をよくいただきます。

ここで発想を転換しましょう。**仕事で成果を生み出す秘訣は、「時間を管理する」より「タスク（やるべきこと）を管理する」ことが〝先〟**だと、私はいつも答えています。

たしかに、「時間管理」の本来の意味合いは、成果を生み出すために、仕事を効率よく進めることにあります。しかし、時間の使い方から先に考えると、やるべき仕事に優先順位をうまくつけられません。そういう人にかぎって、デバイスやアプリなどのツールに意識が向いています。「手法」に振り回されてしまっているのです。仕事において、ツールはあくまで手段にすぎません。目指すところは、**重要なタスクを完了させて「成果を生み出すこと」**なのです。

スピーディに効率よく成果を出すには、タスクの「重要度」と「緊急度」を同時に考え、優先順位をつけて、段取りをすることです。タイムパフォーマンス（タイパ、時間対成果）をあげる秘訣は、時間よりタスクに注目することに尽きるのです。

「タスクが先、時間はあと」が大原則です。

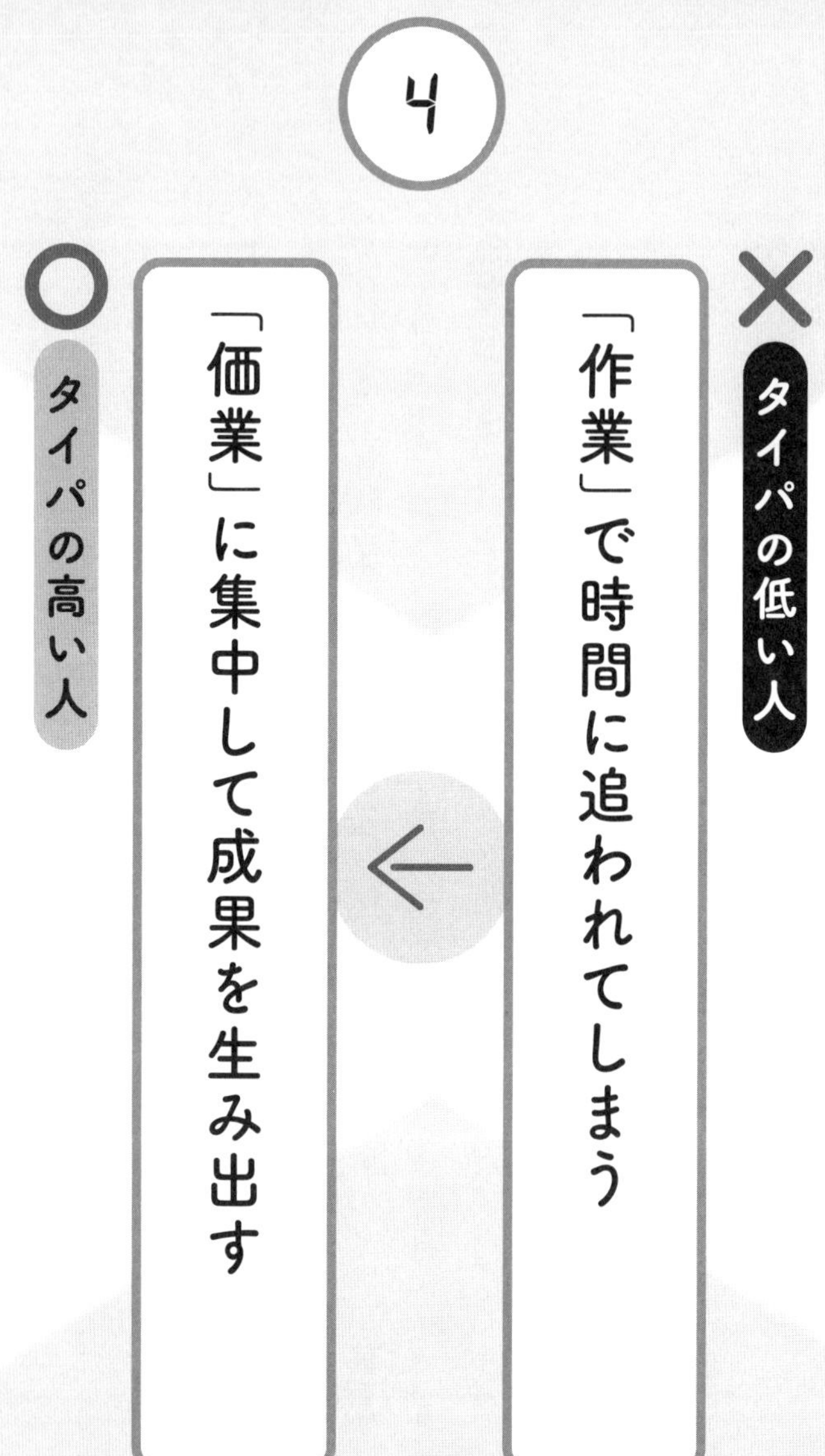

4
×
タイパの低い人
「作業」で時間に追われてしまう
○
タイパの高い人
「価業」に集中して成果を生み出す

「成果につながる仕事」に時間を使う

タスクの重要度を見極める秘訣は、仕事を「作業」と「価業」に分類することです。分類する基準は、「その仕事で生み出す価値が高いどうか?」、わかりやすくいえば「成果につながるかどうか」です。手を動かしてこなす仕事を「作業」、頭で考えて成果を生み出す仕事を「価業」と私は呼んでいます。

作業は、誰がやっても大きく成果が変わらない仕事です。たとえば、郵送物の発送、単純な入力作業などは、誰がやっても成果は大きく変わらないでしょう。こうした作業で時間を追われてしまっては、高い成果を生み出すことはできません。作業は、高速化・効率化して「速くやる」、他人に任せるか、発送会社に依頼するなどして「やめる(やらない)」などの選択肢を検討しましょう。

価業は、成果に直結する重要な仕事です。私の場合、「クライアントの戦略のプランニング」「研修のための資料作成」「書籍の企画づくり」は、自社の売上や成果に直結するので価業にあたります。企画・計画・商談などの関連業務は価業に分けられます。

念のために伝えておくと、「作業」を軽視しているわけではありません。タイパを意識して、「作業の時間をできるだけ減らし、価業の時間をより増やすためにどうすればいいか、より集中するためにどうすればいいか?」を検討することが大切なのです。

×
タイパの低い人

「期待値」を把握せずに仕事する

○
タイパの高い人

「期待値」を把握して仕事する

期待をもとに「価業」「作業」に分ける

仕事を価業と作業に分類するには、「基準」が必要です。**会社や上司から期待されている成果を基準に分類**してみましょう。

外資系企業では、一般的に「ジョブディスクリプション（職務記述書）」があります。文字どおり、職種・役職、所属部署、役割と責任範囲、業務内容、必要なスキル、目標と評価方法、労働条件などの職務が明確に記述されている書類です。「会社から期待されている成果」が明確に示され、社員はこの書類をもとにして仕事を進めます。

職務記述書を採用している日系企業も増えていますが、そうでない会社も多いと思います。その場合は、会社から期待されている成果や役割を整理してみましょう。

たとえば、売上目標などの数字はもちろん、1 on 1や面談で上司に期待されている役割や数字以外の部分も確認するのがおすすめです。そうすれば、自分が生み出すべき成果をより具体的に把握できます。この成果に、より直接的につながる仕事が「価業」です。

会社からの期待を具体的に把握したうえで仕事をすれば、「がんばっているのに、評価してもらえない」などというズレは起こりません。

× タイパの低い人

自分のタスクをなんとなくこなす

←

○ タイパの高い人

自分のタスクを一度整理する

「価業」と「作業」を具体的につかむ

作業と価業のイメージをつかんだら、より具体的に把握するために、**自分の仕事を一度棚卸しして、すべてのタスクを書き出してみましょう**。いろいろな整理方法がありますが、いちばんわかりやすいのはプロセスで整理する方法です。

営業なら、「事前準備→アプローチ→アポイント→商談→受注」に分類し、それぞれに発生する仕事を書き出します。それを作業と価業に分類していきます。

ぜひ、**実際に手を動かしてリストアップしてみてください**。手を動かしながら分類してみると、日々の仕事のタスクの重要性や意味合い、あるいはタスク同士のつながりなどが見えてくるでしょう。この気づきに生産性をあげるヒントがあります。

「作業の時間をできるだけ減らし、価業の時間をより増やすためにどうすればいいいか、より集中するためにどうすればいいか？」を意識しながら仕事を進めてください。

	事前準備	アプローチ	アポイント	商談	受注
価　業					
作　業					

7

×

タイパの低い人

「大きな数字」を見て焦る

←

○

タイパの高い人

「小さな数字」に分解する

「因数分解」すれば焦りが消える

目標の大きな数字だけに意識が向くと、焦りや不安が生まれてしまいます。**大きな数字を見たら、まずは分解しましょう。達成のための道筋が見えてきます。**

たとえば、営業で売上1000万円が目標だったとします。このときに1000万円という大きな数字だけを見て「達成しなければ!」と力んでいても達成できません。**売上を小さな数字に「因数分解」して行動計画に落とし込む**必要があるのです。

まず、契約にいたるまでの営業活動のフローを分解すると、「事前準備→アプローチ→アポイント→商談→受注」となります。この各フェーズのそれぞれの〝数〟にくわえて、アプローチしアポイントをとる「アポ率」、アポイントから商談につなげる「案件化率」、さらに受注にいたる「受注率」といった〝確率〟も把握できます。

売上総額は、商談数×受注率×顧客単価という掛け算で計算できます。たとえば月に10回の商談をし、受注率が50%で顧客単価が200万円だったら、1000万円の月額売上が見込めます。売上達成が難しそうな場合は、アポイントをとり商談数を増やすか、商談の精度を上げて受注率をあげるか、付加価値をつけて顧客単価をあげるか、の3つのどれか(または組み合わせ)を考えれば達成への近道になります。

こうして「**大きな目標」を分解して、四半期や月、週、日の行動計画に落とし込んでいけば、それぞれの期間でやるべきことが明確になります。**

Column 1

自分の「時給」を計算してみよう

あなたは自分の「時給」を計算したことがありますか？

たとえば年収500万円の人であれば、約2000円とされています。こうした数字は、「給料÷労働時間」で単純計算されていることが多いように見受けます。

ただし、この数字は実態を反映したものとはいえません。身支度などの準備時間や、会社と自宅を往復する通勤時間が含まれておらず、この時間も含めて計算するべきだと考えるからです。さらにいえば、会社が社員を雇うために支払っている各種保険料なども入れて計算する方法もあります。

くわえて、「仕事の性質によって、時給が異なる」ことを意識しましょう。本章で紹介した「価業」は、「作業」よりも時給が高くあるべきです。具体的には、プランニングや顧客との商談など、成果につながる「価業」は、とくに時給を高く設定し、経費の精算処理や事務的なメール処理などの手を動かす「作業」は低く設定するのです。目安としては、価業の時給は、作業の３倍以上と設定するのがいいでしょう。ここでのポイントは、出すべき成果をより明確に意識して換算することです。

時給を意識すると、その仕事にかけるべき時間に対する生み出す成果である「タイパ」に敏感になれます。ぜひ手を動かして、自分の時給を計算してみてください。時間とその成果への意識が大きく変わるはずです。

第2章

「サボる時間」をつくる段取り

8

×

タイパの低い人

「手のつけやすい仕事」を先にする

←

○

タイパの高い人

「時間がかかる仕事」から先にする

全体像から逆算する

段取りをするには、「どんなアウトプット＝成果を出す必要があるか」をまずは考え、そこからいまなにをすべきかと逆算して行動する必要があります。

料理をつくるさいには、「食卓にすべての料理が並べて、おいしく食べられる状態にするためには、どのような手順がいいか」を考えます。スープとステーキとサラダをつくるのであれば、時間をかけて味を染み込ませたいスープから先に仕込みます。煮込んでいるあいだに、人参のキャラメルグラッセをつくり、サラダをつくる。そこまで用意できたところでステーキを焼き始める……と段取りをするのです。ポイントは、「**全体像から逆算すること**」「**最も時間のかかる仕事を見極めること**」です。

仕事もこれと同じです。ウェブサイトの制作であれば、トップページ、会社案内、製品案内などのパーツからつくり始めるのではなく、「ウェブサイトを、お客様にどう使ってほしいか？　どういう反応を求めるか？」を全体像から逆算します。

いちばん時間がかかるのが動画撮影だとすると、その準備を進めているあいだに、関係者に依頼して、打合せして、文章を練って……などと考えて、どのようにすれば全体をスピーディに進行できるかを、具体的な計画に落としこんでいきます。

急ぎの仕事も大事ですが、目の前の仕事にやみくもに取り組むのではなく、全体像から逆算し、とくに時間のかかるものから先に着手するように予定を立てましょう。

9

×

タイパの低い人

「自分の都合だけ」で仕事を進める

←

○

タイパの高い人

「次の人」を考えて仕事を進める

よけいな手間をかけさせない

段取りをつけるさいには、全体像を把握することにくわえて、もう1つ大切なのは、「**後工程**（あとこうてい）」**を考える**ことです。「後工程」とは、自分がした仕事を受け取る相手（次の工程の人）のことをいいます。**仕事が速い人は、後工程の人が仕事を進めやすいように工夫している**のです。結果的に全体のスピードアップにつながります。

仕事とはリレーのようなもので、次の走者にバトンをうまく渡せるかどうかで、全体のスピードが大きく変わります。

私は過去にトヨタ系列の会社で、自動車のバネの生産管理の部署にいたことがあります。バネができるまでにはいくつもの工程があり、作業自体は機械が行ないますが、1つの工程と次の工程を橋渡しするのは人間の仕事です。そのときに、後工程の人が仕事しやすい状態で引き渡しできるかが、生産性にとって大きな差になります。

後工程のことを考えない人が、少しだけ遠い場所にバネを置いたとしましょう。「AからBに持っていく作業」に1秒かかったとして、その日2000個のバネを移動させたら2000秒、つまり30分近い時間のロスになります。このロスは、結果的に、全体の仕事の遅れになります。

後工程の人のことを考えずに仕事をしてしまうと、相手に手間と迷惑をかけて作業効率が落ちるだけではなく、ときには「やり直し」が発生してしまうのです。

×タイパの低い人

スケジュールが「真っ黒」

○タイパの高い人

スケジュールに「余白」がある

「価業」に集中する時間をつくる

新しい価値を生み出す仕事は、5分、10分でできる仕事ではありません。

私の場合、クライアントの来期のマーケティング戦略や、自分の書籍のテーマを練るときなどは、まとまった時間が必要です。こうした**「価業」に専念するときは、外に出る用事は一切つくらず、集中して取り組む必要があります**。それなのに、クライアントとのアポイントや、出版社との打合せだけでスケジュールが真っ黒になっているようでは、価値のある仕事を生み出すための時間がとれません。

できれば週に2日、最低でも週に1日は、アポイントをまったく入れずにサボる日をつくり、集中して「価業」に取り組む時間を確保し、「作業」だけに追われないようにしましょう。

そのためにも、その日の予定だけではなく、1週間、1か月を俯瞰してスケジュールを確認する習慣をつけることが大事です。1か月分を俯瞰し、「カレンダーが黒く埋まりすぎていないか」、つまり予定が入りすぎていないかをチェックすることが重要なのです。

また、週末や月末に、次の週(次の月)のスケジュールを俯瞰して確認することには、予定の失念やダブルブッキングなどにも、早く気づくことができるという効用もあり一石二鳥です。

11

×
タイパの低い人
毎日アポイントがある
○
タイパの高い人
アポイントのない日をつくる

予定のある日に予定を固める

落ち着いて「価業」に取り組む日をつくるためには、必然的に、アポイントが入っている日には、まとめて予定を入れることになります。

たとえば、クライアントから打合せの日程調整をするときに、いくつか候補があるとしましょう。そういうときは、なんの予定もない日ではなく、**もともと予定のある日の別の時間に打合せを入れる**ようにしましょう。

スケジュール帳で、空白になっている日には、できるだけアポイントを入れないようにしていけば、価業のための時間をとりやすくなります。**1日が難しい人は、半日だけでも空白の時間を確保する**ようにしましょう。

もし、人とのアポイントを優先してしまい、自分が落ち着いて考える時間や、価値を生み出す時間をとるのを忘れてしまいがちであれば、「**自分とのアポイント**」をとるようにしてください。

私の場合、スケジュール帳に「マーケティング戦略を考える」「次回書籍の企画を練る」など、自分自身との約束をとりつけています。こうして時間を確保しておけば、そこにあとから予定が入ることを防げます。**やむを得ない場合をのぞいて、そこでブロックしたスケジュールは動かさない**ように意識しましょう。

定期的に予定を確認し、しっかりと価業の時間を確保するようにしてください。

12
タイパの低い人
日程候補を相手に聞く
タイパの高い人
日程候補を自分から先に出す

「一往復半」で日程を決める

メールで打合せの日程を調整するとき、「○○さんは、いつご都合がいいですか？」と聞くのはやめて、こちらから日程の候補を示しましょう。

「相手のスケジュールを先に聞かないと失礼ではないか」と思うかもしれませんが、そんなことはありません。相手にあげてもらった候補日にこちらの都合が合わなければ、かえって手間をかけさせてしまいます。**忙しい人ほど最小限のやりとりで済むほうが喜ぶ**はずです。

具体的には、所要時間、候補日、場所を示したメール（下図参照）を送れば、相手は予定を確認して返信するだけので、日程調整は一往復半で完了させられるのです。

○○の件で、お時間を１時間ほどいただけますでしょうか？
失礼ながら先に日程をお知らせしておくと、
・６月１日13時～17時
・６月４日14時～18時
・６月５日10時～12時
のご都合はいかがでしょうか？
ほかの日時のほうがよろしければ、
お手数おかけしますが、候補をいただけますでしょうか？
場所は、差し支えなければ、貴社に伺います。

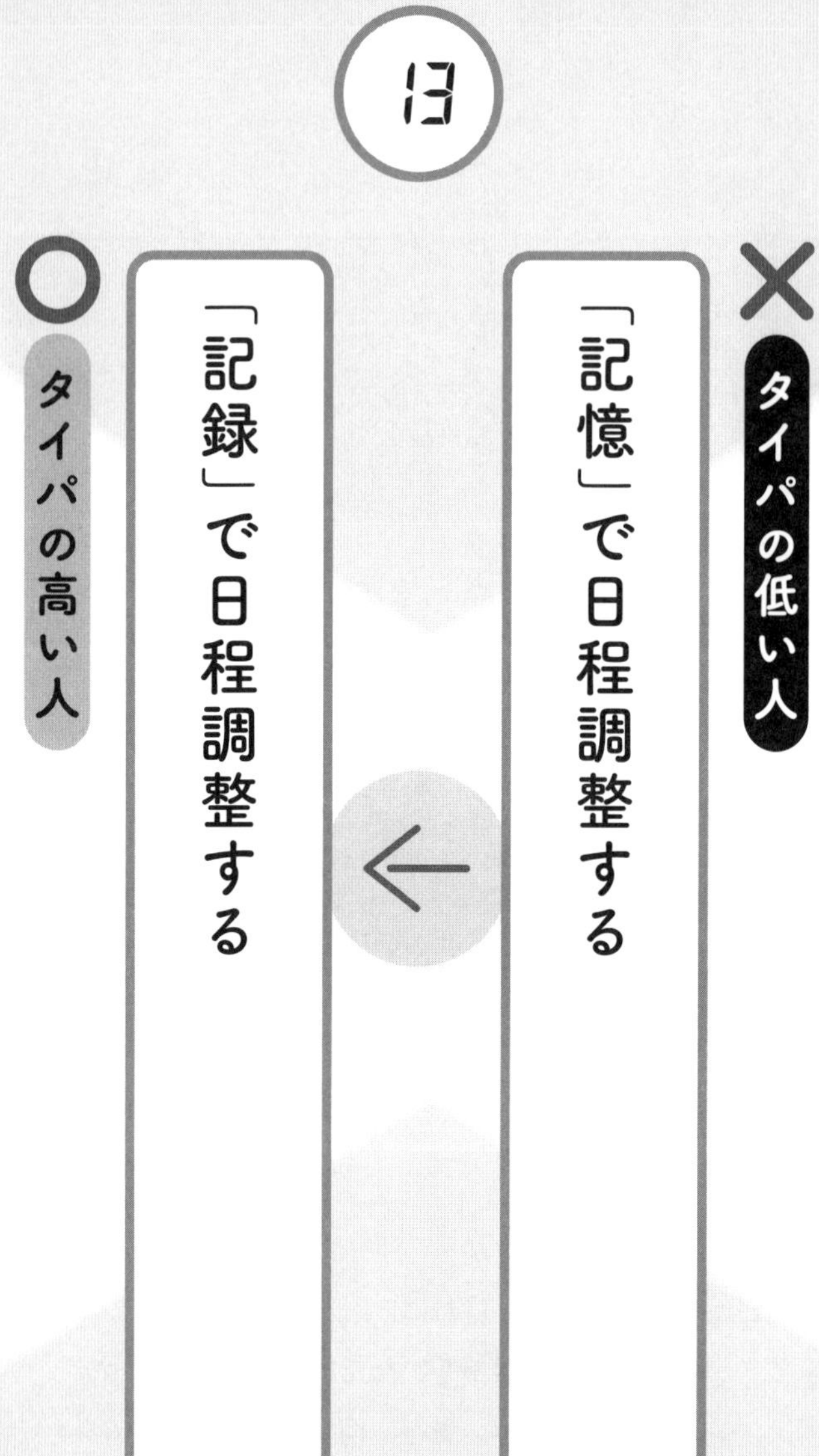

13
×
タイパの低い人
「記憶」で日程調整する
○
タイパの高い人
「記録」で日程調整する

先約・前後の予定は要チェック

私の経験則では、ダブルブッキング、ドタキャン（直前キャンセル）、リスケ（日程の再調整）をする人は、何度も繰り返します。相手時間を奪うことになり、ひいては軽く見ているなと思わせて失礼ですし、信頼できないという印象を与えます。

打合せの日程を決めるときには、スケジュールを実際に確認して先約がないかを、前後の予定に無理がないかを、確実にチェックしましょう。すぐに、**その場でアプリ入力や手帳に記入**することも大切です。「あとでやろう」とすると、忘れたり、勘違いしたりする恐れが出てきます。

私はGoogleカレンダーに予定を入れるときに、2時間前に**リマインドしてくれる「通知」も一緒に設定**します。2時間前に設定すれば、万が一、当日に失念していたり時間を勘違いしたりしていても、なんとかできるからです。以前、クライアントと午前10時に約束していたのに、午前11時だと思い込んでいたことがありましたが、午前9時に通知がきたおかげで、そこから準備して問題なく打合せに臨みました。「2時間では不安だ、間に合わない」という人は、長めに設定すればいいでしょう。

日程を決めたら、「打合せは16日14：00〜会議室にてお願いします」などと連絡して文字に残して念を押します。信頼を失うのは一瞬ですが、信頼の回復には時間がかかってしまいます。万全を期すように心がけましょう。

14

×

タイパの低い人

午後にメインのタスクに取り組む

←

○

タイパの高い人

午前中にメインのタスクを完了させる

午前中は「価業」に集中する

仕事の速い人は、1日の時間を効率的に使います。ランチを食べたあとの午後に一度作業効率が落ちることを前提に考え、**コンディションのよい午前中の時間を「価業」にあてている**のです。

机についてすぐにトップスピードで仕事をできる人はなかなかいないでしょう。車にたとえれば、出勤後すぐはまだエンジンが温まっていない状態です。

仕事が速い人は、始業時間直後からバリバリと仕事をこなします。始業前の通勤電車などで、その日の時間をどう使うか、仕事の予定を改めて考え、彼らは会社に着く前から脳のウォーミングアップをしています。そのうえで、自分のデスクに5分前に着席していれば、始業時にはすぐにアクセルを踏み込める状態になっているのです。

私の場合、仕事を始めたらすぐにメールをチェックし、返信できるものには返信して作業を終えたら、できるだけ早く「価業」にうつるようにしています。

午前中に「作業」にあてる時間は長くても30分です。そこでエンジンが全開になったとわかったら、すぐに「価業」にうつります。具体的にはクライアントへの提案を考えたり、新しい企画を練ったりするのは、午前中の頭が冴えている時間にやってしまうのです。インターネットをオフにして、メールを受信しないようにすることも効果的です。**午前中にその日のメインのタスクを完了させる**のが理想的です。

×
タイパの低い人

「すき間時間」を無目的に過ごさない

○
タイパの高い人

「すき間時間」で作業をこなす

5～10分でできる作業をリストアップ

すき間時間とは、5分、10分の細切れの時間のことです。仕事と仕事の合間の時間、ホームで電車を待っている時間、エレベーターを待っている時間、もしくは次のアポイントまでの5分などを、私は「すき間時間」としてとらえています。

こうしたすき間時間を有効に使いましょう。**すき間時間にやるべきなのは「作業」**です。たとえば名刺整理やその日の経費精算、書類整理など、ちょっとした時間にできる「作業」を日ごろからメモなどでストックしておくといいでしょう。

すき間時間にできる作業には、スマホ向きの作業と、パソコン向きの作業があります。たとえば、SNSやメールのチェックなどは、スマホでやってもパソコンでやっても大差ない作業ですが、こみ入ったメールの返信やエクセル入力などは、パソコンで作業するほうが効率よくできます。

私の場合、ほかにも、すき間時間を使って交換した名刺の重要項目のみをエクセルに書き写して管理しています。いまは便利なアプリがいろいろありますが、私がエクセルを使っている理由は、分析がしやすいからです。名刺に書かれた情報だけではなく、いつどこでどのような接触をしたか、誰にどんなDMを送ったかなどを追加して記録して、重要度を分析できます。このような作業も、**わざわざ時間をとってまとめてやるのではなく、細切れのすき間時間にやるのがいい**でしょう。

16

「振り返り」をしない
「振り返り」をして次に生かす

× タイパの低い人

○ タイパの高い人

年・月・週に分けて振り返る

「忙しくて振り返りをする時間がない」といった言葉を聞くことがあります。**時間がないから振り返りができないのではなく、振り返りをしないから時間がない**のです。

私は、毎日振り返る必要はないと私は考えています。大きな単位から、徐々に小さな単位に分けて振り返りをするのがおすすめです。

まずは1年のプランの振り返りです。年末や年度末には、年間プランが適切だったかどうか、具体的には売上目標を、達成できたかどうかを確認します。

さらに、毎月下旬には月間目標やスケジュールが適正だったかどうかを確認しましょう。もし、スケジュールがつまりすぎだったのであれば、その原因をつきとめて、次の月のプランを立てるときは改善できるように考えなくてはいけません。

月の残業時間は「予定時間を超えてしまった仕事」を知るいい指標です。いってみれば、「残業時間＝働きすぎたロスタイム」なので、そのロスの原因を考えます。たとえば、ある案件で大きく時間をとられてしまったのだとしたら、どのようにすればいいか、具体的な解決策を考えるのです。

そして、週末の土曜日にはその週の振り返りと来週の準備をします。予定をつめすぎていないか、「価業」にあてる時間を確保できているか。この振り返りも、次週からのパフォーマンスをあげてくれる価業です。

×
タイパの低い人

「うまくいかなかったこと」だけ振り返る

←

○
タイパの高い人

「うまくいったこと」も振り返る

再現性を高めて成果につなげる

仕事が速い人は、仕事をやりっぱなしにせず、振り返りの時間をとっています。この振り返り次第で、次回以降の仕事のスピードと成果に大きな差がつくからです。

PDCAサイクルという言葉はおなじみでしょう。P＝Plan（計画）、D＝Do（実施）、C＝Check（検証）、A＝Action（改善）を指します。仕事の振り返りは、このCとAに当たります。**自分がやった仕事をチェックして、改善点を見つけて次の行動につなげる**ことが重要なのです。

振り返るべきなのは、必ずしも失敗したことだけではありません。日本人はどうしてもうまくいかなかったことに意識が向きがちですが、**うまくいったことを振り返ることも大切**です。

プロ野球の名監督・野村克也氏の言葉に「勝ちに不思議な勝ちあり　負けに不思議な負けなし」があります。この言葉は「不思議な勝ち」ほど、しっかり分析をしなくてはならないと言っているのだと私は理解しています。不思議な勝ちを分析して、その背景にある理由がわかれば、よりよい次の手が打てるので次の勝ちにつなげられ、また**再現性が高められる**からです。それをせずに「勝ってよかった！」と満足していては、一回完結の試合ならまだしも、中長期の勝負の場合は次につながりません。

ビジネスパーソンにとって、とても参考になる考え方です。

18

×

タイパの低い人

不測の事態に小手先で対処する

←

○

タイパの高い人

不測の事態では目的に立ち返る

ギャップを埋める解決策が見える

どんなに先読みをしていたとしても、不測の事態は起こるものです。**シミュレーションしきれないトラブルが起こったときは、当初の目的に立ち戻って考えましょう。**

たとえば、真夏の会議室で打合せをしている最中に、エアコンが壊れたとします。このときに、あなたならどうしますか？

窓を開ける、扇風機を持ってくる、服を脱ぐ……など、いろいろな意見があるかと思いますが、これらはどれも本質的な解決策ではありません。

本来、この会議室で行なうべきは「快適な環境で打合せを進める」ことだったはずです。であれば、どうすればいいかはわかりますね。答えは、「エアコンが効いた別の快適な環境の部屋に移りスムースに会議をする」ことです。

これは、ビジネスの用語で「**As-Is To-Be分析**」と言います。「To-Be」とは、本来あるべき姿のことです。この「**本来あるべき姿**（**＝To-Be、本来の目的**）」**と**「**現状**（**＝As-Is**）」**のギャップを埋めるために、どうすればいいかと考える方法**です。

この場合には、「本来あるべき姿」、つまり「快適な会議をする」ためには、現状をどう変えればいいかを考えるのです。

先読みできないような不測の事態が起こったときは、手段に振り回されず、「あるべき姿」にフォーカスしましょう。

19

× タイパの低い人

トラブルを対症療法で解決する

←

○ タイパの高い人

トラブルを根本治療する

「その場しのぎ」で終わらせない

トラブルが発生してしまったときに、3つのステップを踏むことになります。

①まずは状況を把握し、対処法を検討する

解決するためには、まずは状況を正確に把握することが求められます。このときに目の前の状況だけでなく、「ほかにも同様の問題が発生していないか」を確認します。

②対処法と解決策を関係者に説明する

状況を把握したら、どのように対処するかを検討します。このときに報告すべき関係者には、しっかりと状況と対策を説明するようにしてください。関係者は不信を募らせているはずなので、対処法を説明すると同時に、少し先回りして、「ほかの箇所は確認しましたが、問題ありませんでした」「この問題が発生しているとしたら、こんな問題が起こりえますので、またご連絡ください」と伝えるのがよいでしょう。これをやらないと、さらに大きなトラブルになりかねません。

③再発防止策を講じる

トラブルを解決したら、どうしたら同様のトラブルが発生しないかを考えます。そのためには根本の原因をしっかりと把握し、対処するようにしてください。

最初の2つのステップが対症療法です。3つめの根本治療まで実践できれば、再発を防止できるので、長い目でのタイパもあがります。

Column 2

「勝ちパターン」をつくる

仕事の速い人は、時間の使い方の「勝ちパターン」を持っています。成果を出すためのルーティンともいえます。

たとえば、「金曜日の夕方には振り返りをして来週の計画を立てる」「午前中のうちにメインのタスクを終わらせる」などがそうです。

勝ちパターンを構築できるようになると、「頭を動かす」「手を動かす」といった行動がリズミカルになります。

たとえば、営業担当者なら、中旬に受注のための商談のピークを持ってくるなど、成果を出すための行動がテンポよくとれるようになっていきます。

こうした勝ちパターンを構築するためにも、仕事の成果につながる「価業」と手を動かす「作業」について、棚卸ししておくのがおすすめです。さらに、価業に専念するための自由に使えるまとまった時間＝サボる時間を確保しましょう。

一度時間をとって、自分が会社から期待されている成果や役割を整理し、それを果たすために、どのように時間を使っていけばいいか、年・四半期・月・週へと行動計画を落とし込んでいきましょう。さらに、１日の時間をどう使うかのタスクにまで落とし込んでいけると理想的です。

こうすれば、自分なりの「勝ちパターン」が見えてきて、期待以上の成果を出せるようになるはずです。

第3章

速く考えて「すぐやる」

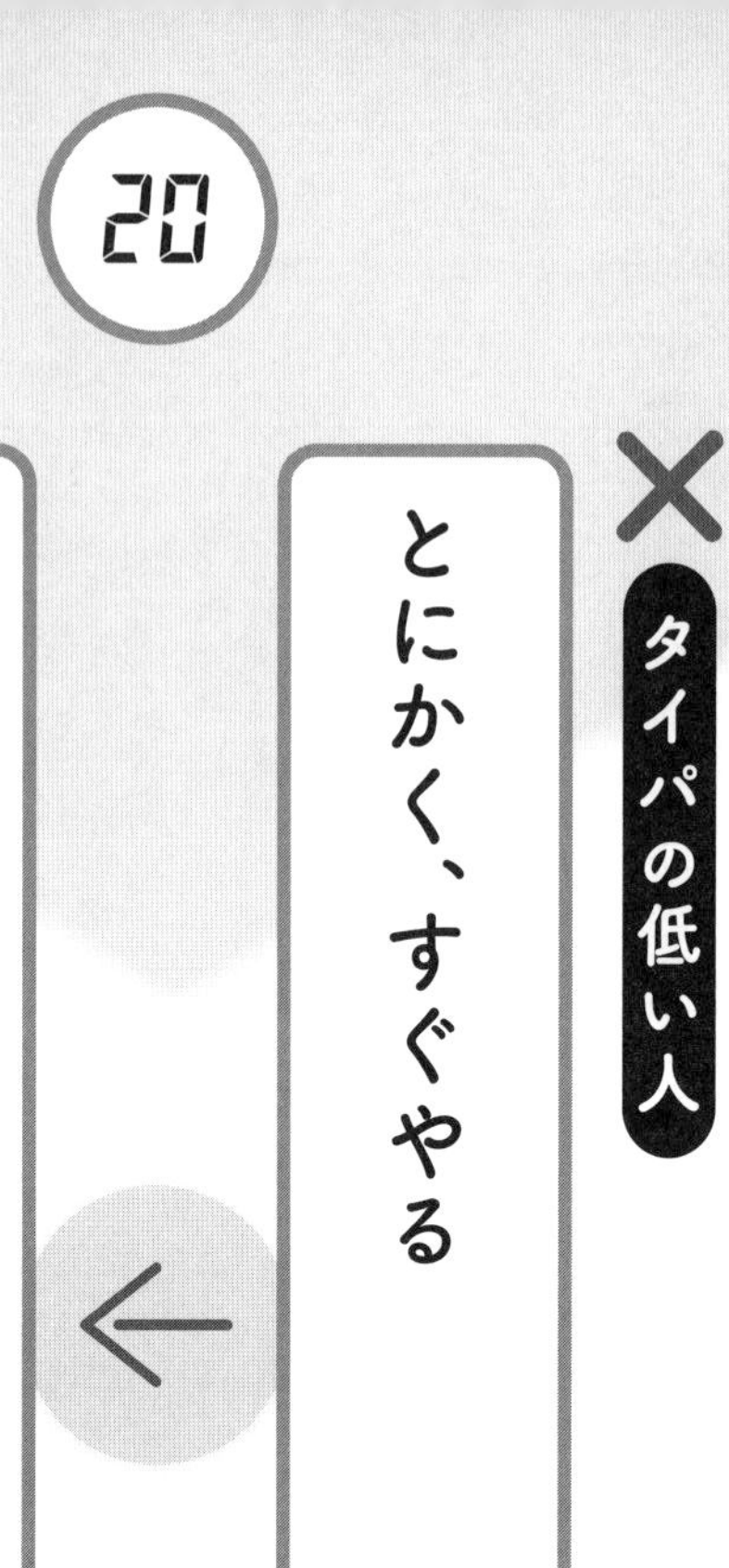

20

× タイパの低い人

とにかく、すぐやる

○ タイパの高い人

速く考え、すぐやる

「考える×すぐやる」は超強力

「つい、先延ばしにしてしまう」「考えすぎて動けない」という悩みを抱えている人が多いようです。事実、「すぐやる」を冠した本が何冊もベストセラーになっています。

「すぐやる」のは、もちろん大切なことです。仕事のスピードは、着手のタイミングや初動で決まる部分もあります。着手が早ければ、うまくいかないことがあったときにも大きなトラブルになる前に早い段階で修正できます。

ただ、**「すぐやる」という言葉に隠れている前提として、「速く考える」がある**ことを見逃してはなりません。

たとえば、営業のリストにある会社に上から順番にすぐに電話をかけてアポをとっていくことは、成約につなげるうえで生産性が高いとはかぎりません。

具体的には、リストにある会社を規模別に分類する方法もあります。「1000万円規模の案件を3件とりにいく」「100万円規模の案件を30件とりにいく」、あるいは、会社規模から意思決定のスピードを推測する方法もあるかもしれません。

こうしたことをなるべく速い段階で考えたうえで、すぐやることができれば、鬼に金棒です。ただの「すぐやる」ではなく、「速く考え、すぐやる」ことを意識してみてください。

×タイパの低い人

仕事の着手を先延ばしにする

←

○タイパの高い人

まずはいったん手をつけてみる

「いまのラク」より「あとのラク」

仕事が速い人は、とにかく着手が早いという共通点があります。先延ばしすると、いまはラクをできても、タスクがどんどん積み重なってしまってあとでたいへんな思いをするものです。

早く着手することのメリットは3つあります。

ひとつめは、**スケジュールの見積もりを大きく外すことがない**こと。一度手をつけておくと、時間がかかりそうかどうか、おおよその見当がつきます。逆に、着手が遅い人は「思ったより時間がかかった！」などと徹夜をしてしまうのです。

2つめは、着手を早くして、60点程度の段階で人にアドバイスを求めれば、その**人の知恵を借りてより質の高い成果物をつくることができます**。ギリギリになって1人で取り組むよりも、クオリティが高い仕事ができるのは言うまでもありません。

3つめは、**予期しないトラブルに余裕を持って対応できる**ことです。早めに着手していれば、時間的にも精神的にもすぐ対応できる余裕があります。

「やる」と決まったことは、早めに完了させるのが理想です。完了とまではいかなくても早めに着手さえすれば、時間を正確に見積もり、予期せぬトラブルにも余裕を持って対応することができます。

タスクをできるだけ早く完了させ、「サボる時間」を確保しましょう。

×

タイパの低い人

苦手な仕事を先延ばしにする

○

タイパの高い人

苦手な仕事に一度手をつけてみる

得意な仕事はいつでもできる

苦手なことはつい先延ばしにしてしまう……。こんな人も多いのではないでしょうか？　**仕事の速い人は、「得意なこと」よりも「苦手なこと」からまず手をつけます。**

得意なことに比べて苦手なことをやるときには、人に聞いたり調べたりしなくてはいけないこともあり、**予想した以上に時間をとられる**ものです。あまり経験のない分野の仕事であれば、そもそもどれくらいの時間がかかるか、わからないこともあります。つまり、見積もりが狂いやすくなります。

苦手な仕事や経験の少ない仕事を放置しておくと、いざ、ギリギリで手をつけたときに「こんなに時間がかかると思わなかった！」とあわてることになります。

それを防ぐためにも、苦手な仕事をやることになった瞬間に、まず一度手をつけてみましょう。**少しだけでも手をつけておけば、だいたいどれくらいの時間がかかるか、予測を立てられます。**これだけで、時間の見積もりが大きくズレることがなくなります。

このとき、仕事を完了させる必要はありません。一度手をつけておけば、期日までにアドバイスをもらったり、必要な情報をリサーチしたりすることができます。

また、本当に苦手で、自分でやる必要のない仕事であれば、別の人や会社に頼む手もありますので、検討してみましょう。

23

× タイパの低い人

発想系の仕事に時間をかけすぎない

←

フィードバックをもらって客観視する

タイパの高い人

早めに反映してクオリティアップ

発想系のクリエイティブな仕事では、所要時間を見積もるのが難しいという悩みをいろいろな人からよく聞きます。

私の仕事でいえば、原稿執筆は、完成形があってないような仕事です。

もっと時間をかけて考えれば、もっといい内容が書けるのではないかと思うこともあります。つまり、「時間をかければ、クオリティがあがる」とどこかで考えてしまいます。私自身、こうした気持ちになることもあるので、この悩みはよくわかります。

でも、**「時間をかければ、クオリティがあがる」と考えるのはやめましょう。**

この場合の目的は、時間をかけることではなくクオリティをあげることです。これを達成するには、**関係者からフィードバックを早めにもらうのがいちばんの近道**です。

原稿であれば、依頼主である編集者に見てもらって、プロの客観的で冷静な視点からフィードバックをもらって反映させればクオリティをあげられるでしょう。このタイミングが早ければ早いほど、より早く反映できます。

また、**一定期間、いったん寝かせるのも効果的**です。冷静で客観的に見られるようになり、クオリティをあげるためにどうすればいいかが見えてくることもあります。

こうした点でも、期日よりも余裕を持って仕事を進めることが大切なのです。

24

×
タイパの低い人

「コントロールできないこと」に労力を割く

←

○
タイパの高い人

「コントロールできること」に集中する

相手を変えようとしない

世の中には、「コントロールできること」と「できないこと」があります。**仕事の速い人は、自分でコントロールできることにフォーカスします。**

たとえば、直感派か論理派か、慎重か大胆か、気づかいするかしないか、といった性質や得意なことなどの相手の内面的な部分は、コントロールしづらいものです。

相手を変えようとするのではなく、「違うからこそできることはないか？」と発想を転換するのがおすすめです。慎重派の人に資料を任せて、大胆な人がどんどん顧客にアプローチするなどと分業することで、より大きな成果につながるものです。

また、顧客が企業の場合、その企業のなかのルールも変えられません。ある企業の書類手続きのルールが非効率であったとしても、外部の人間が変えることは難しいでしょう。相手のルールにそって臨機応変に動くほうが、プロジェクトがスムースに運びます。

同じように、すでに起こってしまった過去の出来事も変えられません。頭を切り替えて、次に向けてどう行動するかを考えたほうが生産的です。

「コントロールできるか、できないか？」を考え、**コントロールできないことについては、相手を変えようとするのをやめて、ほかのアプローチを考えましょう。**自分がコントロールできることに集中し、よりよい成果につなげていきましょう。

✕ タイパの低い人

悩み込んでなかなか決められない

○ タイパの高い人

悩んだときのマイルールを持っておく

「悩む時間」を減らしてすぐやる

「飲み会に行くか、行かないか」「面倒な仕事を引き受けるか、引き受けないか」「ほしいものを買うか、買わないか」などを選ぶときに悩んで時間がとられることもあるでしょう。こうしたことに悩んでしまうのは、**自分の判断基準**がないからです。

私も、会食のお誘いを複数からいただくことがあります。私は「行きたい場合は行く方向で調整する。そうでない場合は、『ビジネスにつながるか、どうか』で判断する」という判断基準を決めています。

仕事も同じです。マーケティングコンサルタントとして独立・起業した当初は、すべての仕事を引き受けないといけないと思い込んでいて、それほど得意ではない業界の仕事も引き受けていました。しかし、成果に貢献できたケースとそうでないケースの割合が4：6ぐらいでした。その経験から、自分の得意ではない領域の仕事はお断りすることに決めました。短期的には売上は減りましたが、得意な領域の仕事に集中して、成果を出せるようになった結果、信頼が増し、顧客単価もあがりました。

仕事でもプライベートでも、**悩みがちなポイントに判断基準を設定し、マイルールを決めておきましょう**。「本は悩んだら買う」「服は迷ったら買わない」「迷ったら大変そうなほうを選ぶ」といった具合です。悩む時間を減らして、必要な行動をスピーディにとれるようになるでしょう。

Column 3

会社・自宅以外の「集中できる場所」

スマホやタブレットの普及、パソコンの軽量化が進み、場所を問わずに仕事ができるようになりました。

私自身も、午後眠くなりそうな時間は、カフェに出かけて場所を変えて仕事をするようにしています。気分転換にもなりますし、周囲の環境音がBGMとなり、かえって集中力が高まります。

会社や自宅の仕事スペース以外にも、集中して仕事ができる場所をリストアップしておくのもおすすめです。私の場合は、自宅周辺、東京の各エリアの場所、クライアント先の近所などに集中して仕事ができる場所を見つけてあります。

移動が多い人には、新幹線や飛行機での移動時間を活用している人も多いでしょう。集中していて、「あっと言う間に目的地に着いてしまった。もっと仕事をしたかったのに……」という思いをしたことがある人も多いのではないでしょうか。私もその１人で、集中して取り組みたい仕事があるときには、名古屋から東京へ行く新幹線で、「のぞみ」ではなく、あえて「こだま」に乗ることもあります。この２時間40分のあいだ、新幹線が最高のオフィスになるわけです。

集中できる場所を自宅や会社以外にも設定するのはおすすめですので、ぜひやってみてください。もちろん、セキュリティ面の対策・配慮は万全にしましょう。

第4章

「対話」をテンポよく進める

26

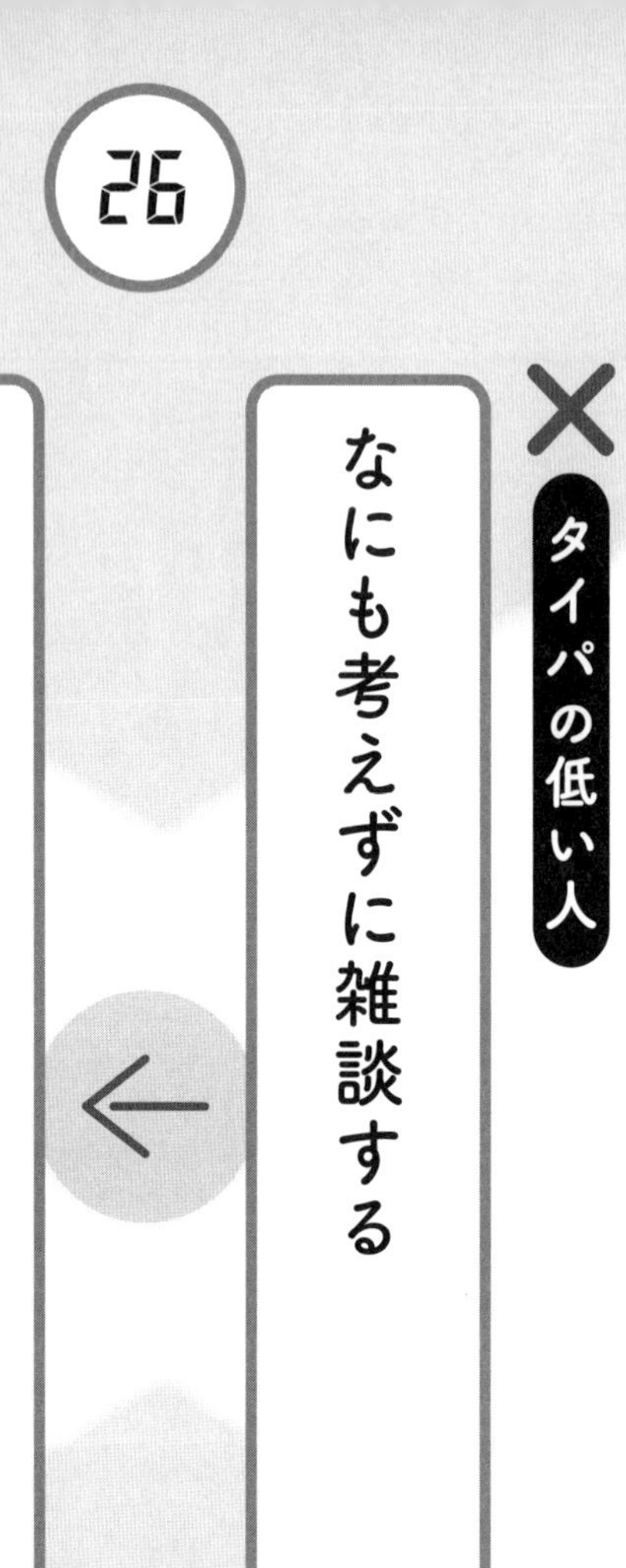
×
タイパの低い人
なにも考えずに雑談する
○
タイパの高い人
目的を意識して雑談する

筋道を立てて「話題」を選ぶ

「雑談で場を温めよう」とか「雑談から商談に入ろう」と雑談力が大事と言われています。たしかに、コミュニケーションの場が温まっていると、お互いの気分もよくなりディスカッションもスムースに進みます。その一方で「そうは言っても雑談ってなにを話せばいいのかわからない」と悩む人も多いのではないでしょうか？

ここで注意したいのは、雑談はあくまでプロセスや手段であって、仕事の「ゴール」ではありません。その意味で、**仕事では本当の意味での雑談はない**といえます。相手の人柄を知る、場を温める、情報共有など、商談やプレゼンテーションのゴールに向けての話が「雑談」なのです。

ですから、本当に意味のない雑談はよほど親しい間柄でないかぎりは、天気の話くらいにしておくのがいいでしょう。仕事に本筋の関係ないところで先方の機嫌を損ねてしまっては元も子もありません。私も地元名古屋でドラゴンズが勝った話をしたときに、相手が「じつはジャイアンツファンなんだよね」と言われて冷や汗をかいたことがあります。

対話のオープニングでなにを話すかを決めるときは、まずコミュニケーションの目的を明確にしましょう。その**ゴールから逆算し、筋道を立ててその入り口でなにを話すとうまく話が進むかを決めるのがいい**でしょう。

27

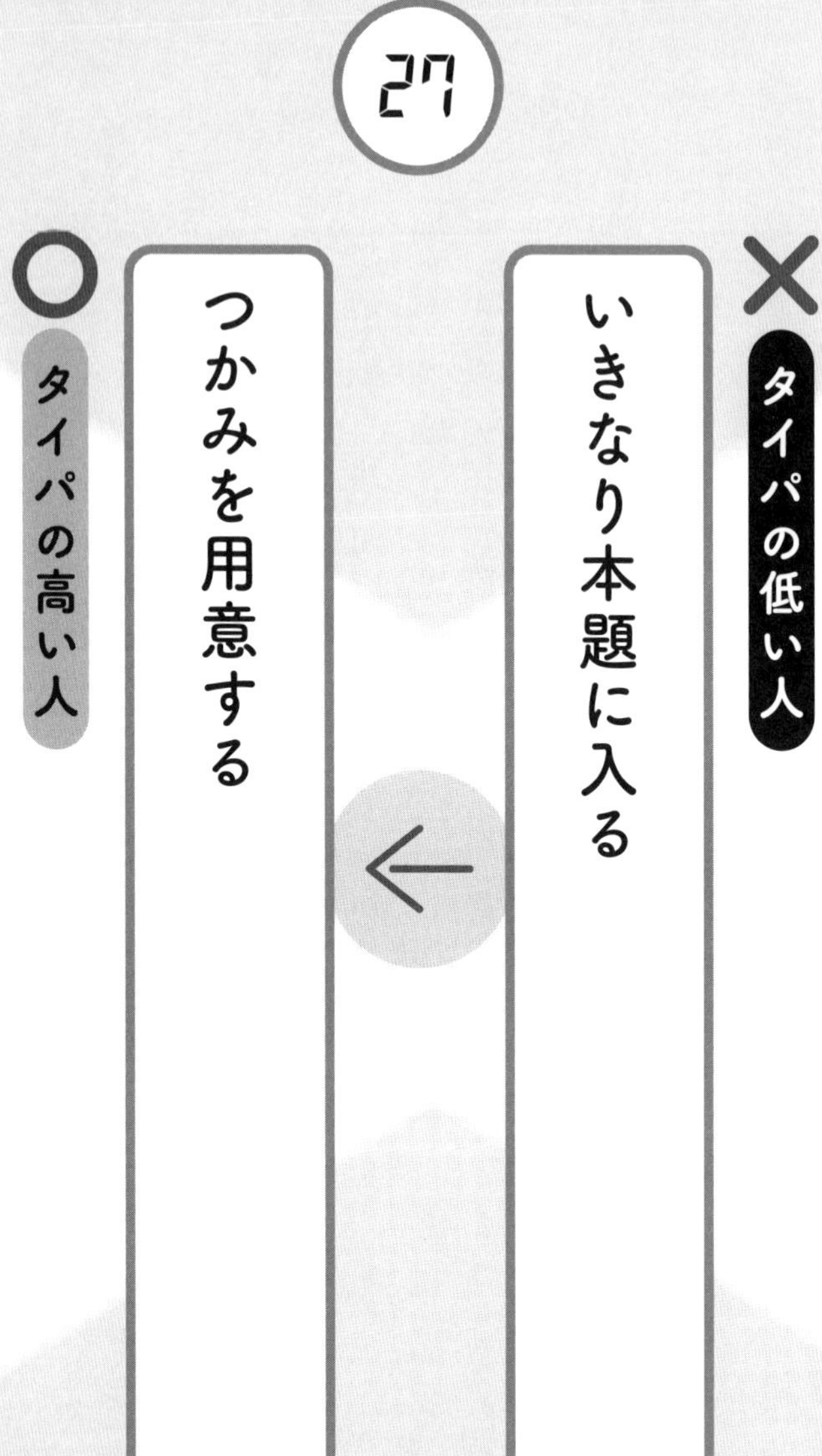

×
タイパの低い人
いきなり本題に入る
○
タイパの高い人
つかみを用意する

相手に前のめりになってもらう

商談やプレゼンをするときは場を和ませる「**つかみ**」を用意しましょう。

私の企業研修では、一方的に話すだけでなく、受講者たちをあてて話してもらう双方向で進めていきます。場を温めてから本題に入り、盛りあがった状態でディスカッションをしたいので、本題に入る前のつかみで「誰と誰にあてるか」を探ります。

それを知るために、研修担当者との事前の打合せで、参加者がどんなタイプの人たちなのかを聞き出します。社内での職位、職歴や年代、彼らの目指すべきゴールなどについてはもちろん、参加者の性格と人となりを必ず聞くようにしています。なかでも、ふだんの仕事に取り組む姿勢が大事です。最初のほうで、研修自体を「面倒だな」「仕事をしているほうが売上も上がるのに」と斜に構えるタイプにつかみの段階であてててしまうと、場の雰囲気が重いまま本題に入ることになりかねません。事前にわかっていれば、その人をどう引き込むかを意識しながら進められます。

相手がマネジャークラスであれば、売り場の事例など、職場に近く興味を持ちやすい話題を最初に話します。経営幹部クラスであれば、他業界の動向や最新のマーケティング事情の話題でどこに反応するかを探ります。

つかみがうまくいくと、相手が前のめりになって聞く姿勢になるので、相手の理解度も深まるのです。事前にリサーチをして「つかみ」を用意しましょう。

×
タイパの低い人

前提や経緯を先に説明する

○
タイパの高い人

結論を先に伝える

結論が先、詳細はあと

言いたいことを先に話すほうが、相手により伝わりやすくなります。「**前提や経緯を先に説明しないと相手が理解できない」と考えるのは思い込み**です。

駆け出しのマーケターだったころ、先輩たちが自分のブランドの予算を決める会議に出たときに、「AさんよりもBさんのプレゼンのほうが、マーケティング部トップの受けがいいな」と感じたことがありました。

Aさんは、「市場調査の結果では、◯◯でした。いまの消費者は◯◯する傾向にあり、彼らが見ている媒体は◯◯です。ここでもっと広告の量を増やせば、売上があがります。だから広告の予算を◯◯円ください」と説明をしてから結論を話します。

一方のBさんは、「予算を◯◯円にしてください。なぜなら、いまの時期に広告料を増やせば売上があがるからです」と先に自分の意見を主張します。そしてトップの反応を見つつ、「市場調査の結果では◯◯で、ターゲットは◯◯で認知度の向上に寄与しているというデータもあります」と続けるのです。

AさんもBさんも「自分のブランドは伸びるので予算を割いてください」という結論は同じです。このような場合は**結論を先にするほうが話がより速く伝わる**のです。

会社では、職位の高い人ほど時間が貴重になっていきます。意思決定者の時間をムダにしないためにも、結論を先に伝えるようにしましょう。

×タイパの低い人

なにもせずに右から左へ連絡する

○タイパの高い人

付加価値をつけて情報を流す

「自分になにができるか？」を意識する

私が初めてチームを任されたとき、いつも「それってどういうこと?」と聞き返さなければならない部下がいました。「部長が、明日10時からA会議室で営業と企画会議をやると言っていました」とだけ伝えてくるので、「あそう、で、なんの会議?」「誰が出るの?」「用意するものはなに?」と確認しなければなりません。

上司から再確認をされるのは、伝えた情報になにかが不足しているからです。上司はもちろん、自分も、情報元の人に再確認に行く手間と時間がかかってしまいます。

このように、自分があいだに立ち情報を伝達するときには「どうすれば後工程の人が意思決定しやすいか?」「そのために自分になにができるか?」などを自問しましょう。

「サプライチェーン」と**「バリューチェーン」**という考え方があります。前者はモノの流れを指し、後者はその各工程で価値を追加していく流れを指します。卸売会社の場合、メーカーからモノを問屋や小売店に運ぶ(サプライする)流れの過程ごとに、卸売会社だからこそわかる市場動向や顧客の購買傾向や、広い流通網でスピーディーに届ける仕組みというバリュー(価値)を付加して、顧客価値を生み出します。

情報を流すときも、受け継いだ内容に足りない情報を追加したり、あいまいな点を具体的にしたりすることで「付加価値」がついた情報になります。これによりあなたの発信する情報の質的な価値があがり、くわえて、時間の短縮につながるのです。

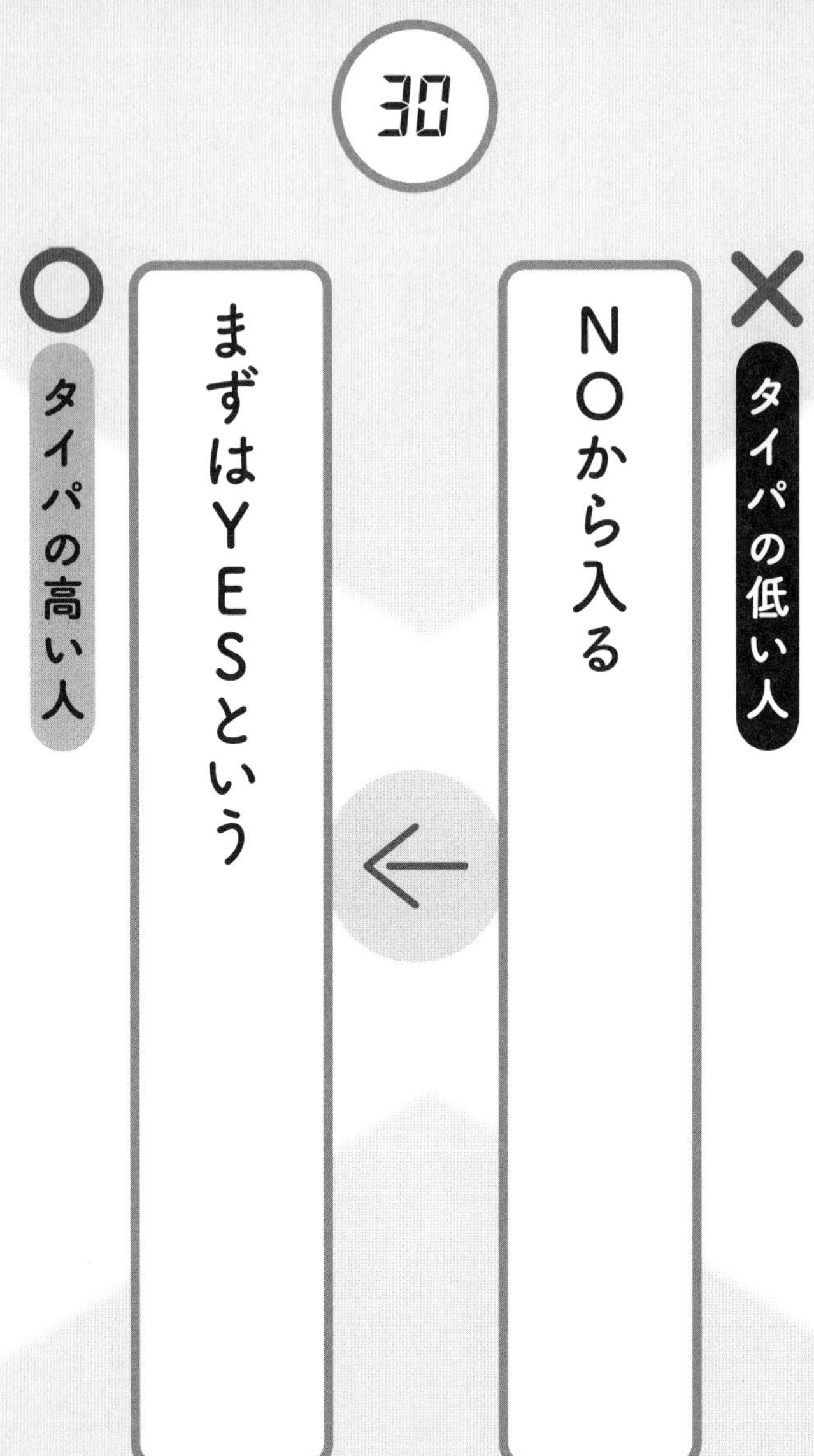

30
×
タイパの低い人
NOから入る
○
タイパの高い人
まずはYESという

価値につながるのは否定よりも肯定

「○○をやってみたい」という後輩や部下からの意見や提案を、頭ごなしに否定するのは考えものですし、近年、重視されている心理的安全性もさがってしまいます。

逆にあなたが「画期的な企画」を思いついて先輩に提案したとします。「そんなのダメ」と一蹴する先輩と、「それいいね」としたうえで、ヒントをくれる先輩がいたとしたら、後者のほうがそのあとの行動につなげやすいでしょう。

部下や後輩から想定外の提案を受けたときには、まずは肯定し次に直す点やダメな点を説明する「**イエス・バット法**」で返すようにしましょう。

「ほめるところなんてない」という声が聞こえてきそうです。そういうときは、**内容を無理にほめるのではなく、アイディアを出してきた姿勢そのものを肯定すればいい**のです。「新しいことを考える姿勢、いいね」などとほめたうえで、「この企画については○○だから難しいと思うけど、またいい企画考えたらぜひ教えてよ」と伝えれば、また相談しようという気になるでしょう。

企画やアイディアは、「価値を生み出す仕事」の源泉です。売れる新製品は斬新なアイディアから生まれ、そのアイディアはいい雰囲気のなかから出てきます。頭ごなしに否定するよりも、「本当に芽がないのか、どうすれば開花するか？」を意識してアイディアを実現していきましょう。

31

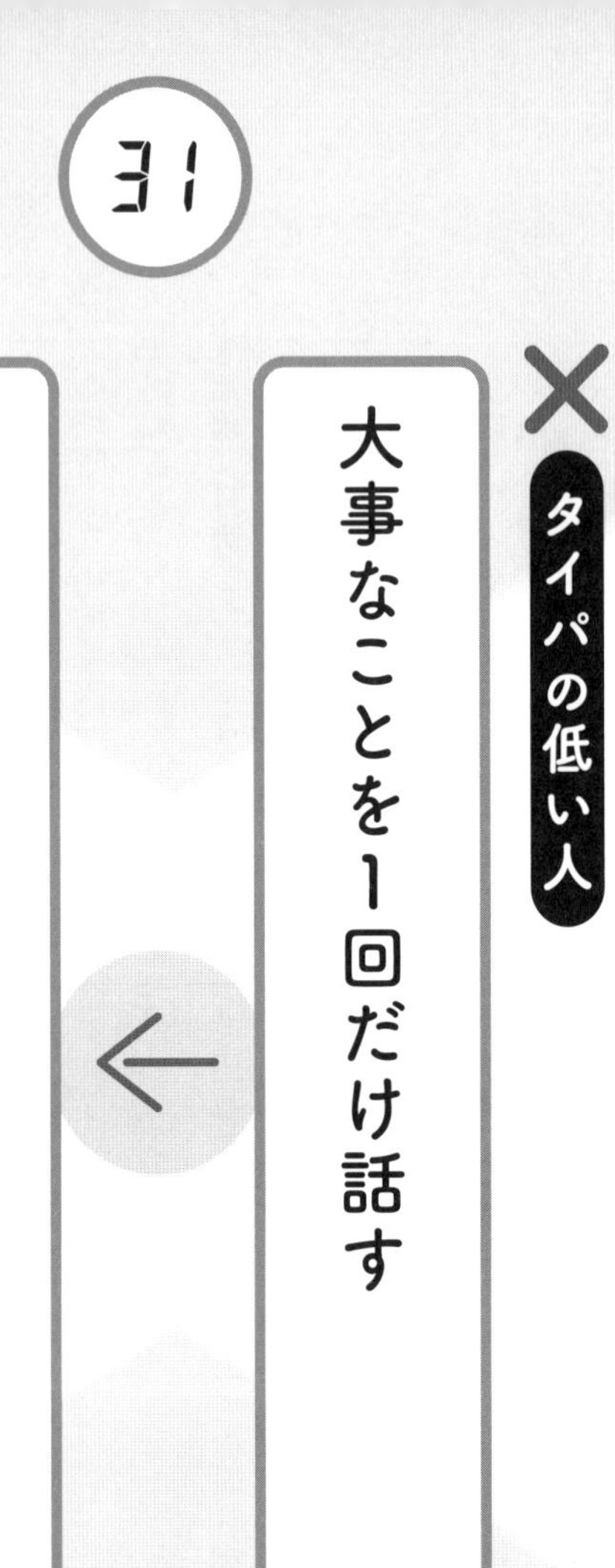

×
タイパの低い人
大事なことを1回だけ話す
○
タイパの高い人
大事なことを何度も話す

伝えるうえで「必要な手間」

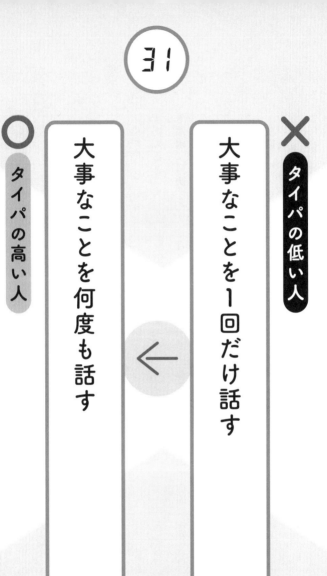

「それさっきもお話しになりましたよね？」と言われたことはありますか？　これは悪いことではありません。**何度も同じことを伝えるのは、一概にムダではなく、ときとして、「必要な手間」**なのです。ビジネスでは、確実に相手に伝えるために、**大事なことを繰り返し伝えることも必要**です。

スティーブ・ジョブズがiPhoneの発売前に行なったプレゼンの動画は、いまでも語り草になっています。ジョブズは「革新的な機器を3つ発明した。それは『iPod』『電話』『ネット通信機器』です」と4回繰り返し、「これら3つを別々ではなくひとつの機器にまとめた。電話を再発明した」と展開したのです。あまりに見事で強烈な印象を残すプレゼンに、私はそのまま再現できるほど強烈に記憶しています。

聞いたり読んだりしたことは、そのままでは忘れられてしまいます。一回のプレゼンのなかで、大事なことを何度も繰り返すことは「**思い出してもらう**」**うえできわめて有効**なのです。

商談やプレゼンでは、自分が主導権を握ることができれば、望む結果にリードできます。まずは、その商談でなにが最も大事なのかを見極めましょう。そして、その大事なことを、効果的に相手に伝えることが重要です。同じ時間をかけるのですから、相手の記憶に深く刻み込めるように工夫してタイパをあげましょう。

×タイパの低い人

人の話を聞くときにメモしない

○タイパの高い人

人の話を聞くときにメモする

「フロー情報」を「ストック情報」に

情報は、**「フロー情報」**と**「ストック情報」**に分類できます。フロー情報とはその場かぎりの「流れていく情報」、ストック情報はあとから参照・活用できる「蓄積される情報」のことです。**フロー情報をストック情報に変換する方法がメモ**です。

なかには、「メモしないと忘れるような情報は、その程度の情報だ」と言う人もいます。「たしかに」と思うかもしれませんが、必要なポイントを判断する嗅覚と記憶力が人一倍鋭い、この種の天才肌の人は、それほどたくさんいません。実際、私の周りの「成果を出す人」はメモ魔です。素直にメモすることをおすすめします。

メモをする目的は、ストックした情報をあとで加工して「価値」を生み出すことです。

私がクライアントと面談するときには、A４用紙を用意しメモをとります。提案に生かせる点は○、確認が必要なことに□、そしていちばん大事な対話での「気づき」に☆をつけます。対話で出てくる情報は、あくまで断片にすぎません。大事なのは、この断片をつなぎ合わせて「自分のアイディアや意見」を出すことです。なので、自分の直感をあとで整理できるようにメモしていくのです。このメモをもとに、クライアントに提案する戦略と施策を資料としてまとめていきます。

メモは、読み返して活用することによって、成果につながる「ストック情報」になります。質的な生産性を引きあげる武器になるでしょう。

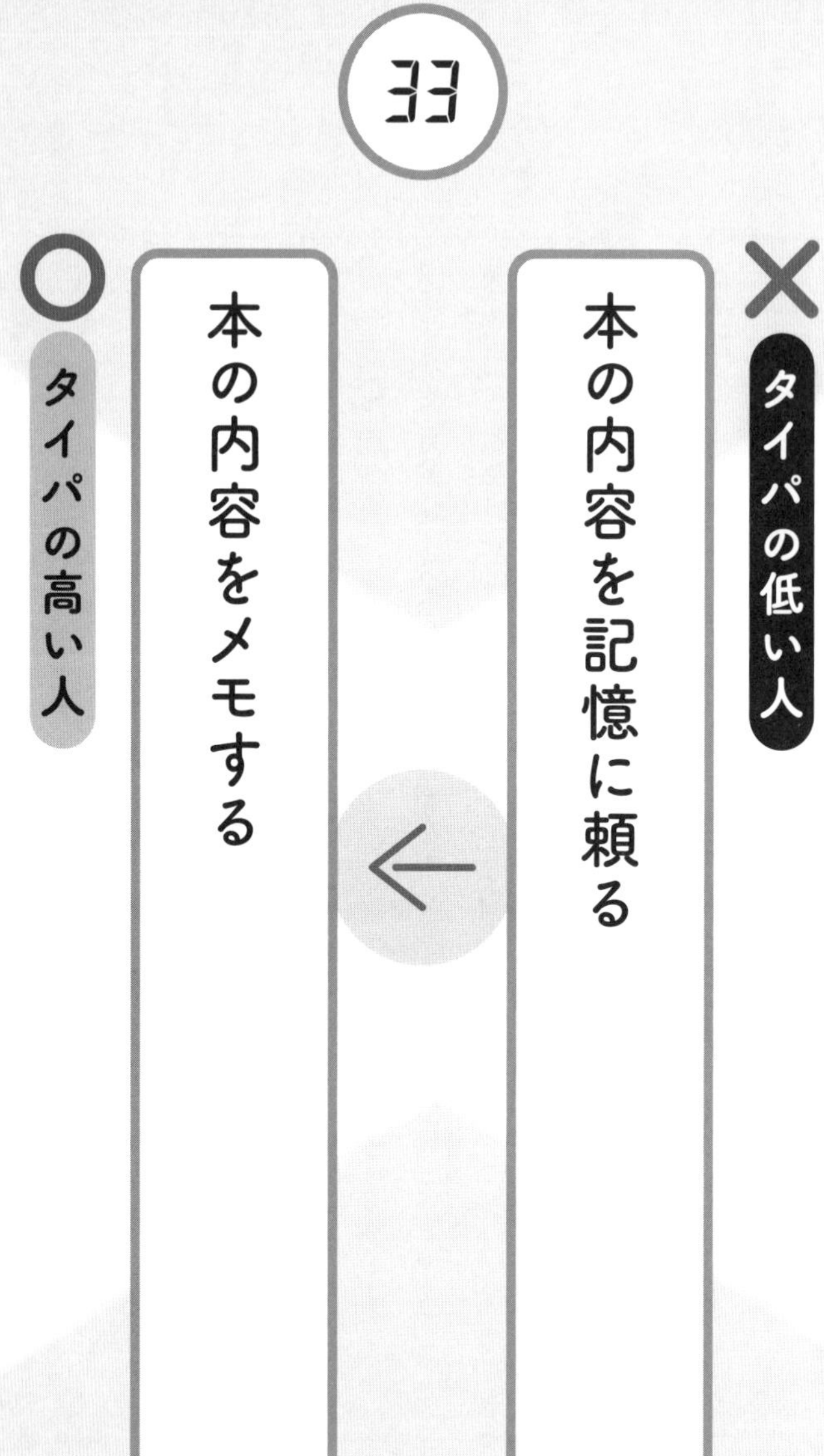

33
タイパの低い人
本の内容を記憶に頼る
タイパの高い人
本の内容をメモする

記録を共有して記憶も強化

書籍は、そのジャンルの専門家が惜しみなく披露してくれる知見を数千円で買える有益なメディアです。活用しない手はありません。さらにいつでも手軽に読め、何度でも見返せるため、コスパもタイパも高い媒体でもあります。本を読んだあとに、「仕事に使える内容を読んだ気がするんだけど、どの本に書いてあったかな?」「詳細はどのページに書いてあったかな?」と思うことはないでしょうか。

私はこれを避けるために**「記憶」に頼らずに「記録」する**ようにしています。iPhoneのメモアプリに、読書で気づいたことをメモするようにしています。読んだ本のタイトル・著者で見出しをつけて、覚えておきたい話やビジネスや講義やセミナーで使えると思ったことはメモするのです。そうすれば、ほしい情報をすぐに検索できます。

さらに、**本でインプットしたことをアウトプットすると内容が身につきます**。学びや感動を、誰かに共有するのです。たとえば、同僚や家族、友人・恋人などに話すのもいいし、ブログやSNSに感想を書き込むのもいいでしょう。「この本に、□□について書いてあり、◯◯だそうです。先日おっしゃっていたプロジェクトに生かせるかもしれません」などとメールやメッセージを送るのもいいでしょう。アウトプットすれば、「記録」になるだけではなく「記憶」も強化され、さらに情報をプレゼントして感謝もされるなど、いいことづくめです。記録の力を最大限に活用しましょう。

✕ タイパの低い人

言葉で話すだけで実行に移さない

○ タイパの高い人

資料をベースにして実行に移す

頭の中の案を「見える化」する

「何年も前から、〇〇すべきだと言っているんだけど、なかなか上司が進めてくれなくて」と愚痴をこぼす人がいます。**アイディアをスピーディに実行するには、頭の中にある案を「見える化」することが遠回りのようでいて最短ルート**です。

Ａさんは、あるマーケティングの施策を実行すれば売上があがると考え、ランチのときに上司に話しました。「うちでやったことはないけど、それはいいかもね」と上司は言ってくれたものの、一向に進展している気配はありません。

その施策に大きな可能性を感じていたＡさんは、メリットやデメリット、予算、実施時期などを箇条書きして、Ａ４一枚にまとめ、上司に意見を求めました。すると、「単なる思いつきじゃなかったんだな」と、Ａさんの本気度や考えが〝具体的〟に上司に伝わり、社内で承認を得るために資料をブラッシュアップするアドバイスをしてくれました。さらに、「上に話を通しておくよ」と実践の後押しをしてくれました。結果的に、Ａさんの提案した施策によって売上を大きく伸ばすことに成功したのです。

「何度も言っているのに変わらない」と嘆くのは時間のムダです。自分の行動を変えてみましょう。**口だけで話すだけではなく、手を動かして資料をつくれば、物事がスピーディに動き出す**のです。あいまいな行動にはあいまいな反応しか返ってきません。

具体的な反応を求めるのであれば、具体的な行動が必要なのです。

Column 4

「1人で考える時間」を確保する

仕事の速い人は、「自分の考えを言葉にするのがうまい」といえます。その理由は、その場の思いつきがすごいからではなく、1人の時間で内省や振り返りをして、深く掘りさげて考えているからです。

自分の考えを言葉にするためには、1人の自由な時間＝サボる時間を確保することが欠かせません。

「1人の時間を確保するなんて難しい」と思う人もいるかもしれません。そんな人は、次のようなことを試してみるのは、どうでしょうか？

たとえば、「会社の帰りにカフェに寄る」「電車を1本あとのものにする」「SNSや動画をチェックするのをやめる」などです。ちょっとした工夫で時間はつくれます。「それでも……」という人には、「いまこの本を読むのをやめてみる」という奥の手もあるかもしれません。

もちろん、金曜日の夕方や週末にまとまった時間をしっかり確保できるように、タスクを完了させておくのが理想です。

内省や振り返りをするときには、ノートやA4用紙、デジタル機器などを用意して、自分の考えをどんどんアウトプットしていくようにしましょう。自分の考えていることが「見える化」され、考えや意見が明確になっていきます。

第5章

1人で抱え込まずに周りを巻き込む

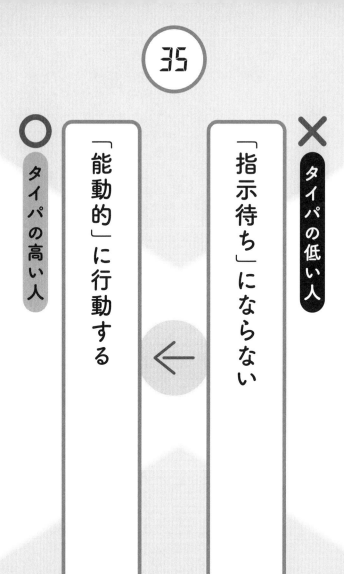

35

×　タイパの低い人

「指示待ち」にならない

○　タイパの高い人

「能動的」に行動する

ハンドルを握るのは「他人」ではなく「自分」

上司や先輩から指示を聞くときに、「私はどうすればいいのでしょうか？」などと、主体性のない質問をしていませんか？　このような「指示待ち」は、ビジネスの場ではふさわしくありません。

仕事の速い人は、自ら考えて能動的に動きます。たとえば、「私はA案とB案を考えました。A案でいきたいのですが、いかがでしょうか？」と自分の意見や考えをはっきりさせたうえで、上司や先輩の判断をあおぎましょう。

かりに上司から「B案」と言われた場合には、自分の仮説を上司に説明すればよいのです。「こういう根拠でぜひ実現したいと思ったのですが、それでは不十分でしょうか？」と自分の意見を伝えれば、「自分の仮説のなにが不十分だったか」のフィードバックがもらえるはずです。

英語では、これを「**GO or NOT GO**」という言い方をします。「いい、悪い」というようなあいまいな判断ではなく、「**やるべきか、やめるべきか**」という判断をあおぐことで、のちのちのすれ違いを防ぐことができます。

仕事を任されている以上、ハンドルを握っているのは、上司ではなく自分自身です。成果につなげる方法を誰よりも考えるようにしましょう。

×

タイパの低い人

自分の仕事を先に進める

←

○

タイパの高い人

人に頼む仕事を先に進める

柔軟に対処でき価値にもつながる

仕事を進めるときは、**まず「人に依頼する仕事」から先に手をつけましょう。**

どんなに早く自分の仕事が終わったとしても、あなたの後工程への依頼が遅くなって、その仕事が終わるまで完了できないと、期日に間に合わなくなるからです。

まず人に依頼する仕事を先に進め、そのあとで自分の仕事を進めるほうが、結果的に全体のスピードも速くなりますし、不測の事態にも対処できるようになります。

「A社の鈴木さんから資料がこないので」などと言う人がいますが、これは言いわけだと思われても仕方ありません。もっと早めに依頼していれば、そのような事態にならなかったかもしれないからです。

そう考えると、**後工程の人にできるだけ早く仕事をお願いし、長い時間を使って価値を生み出してもらう段取りをする**ことは最大のポイントといえます。その場合は無理なく仕事ができるスケジュールで仕事を手渡しましょう。

後工程の人に手間をかけたり無理をさせたりしていては、そのときはよくても、長期的な信頼を築くことができません。

たとえお金を支払う側だったとしても、配慮を忘れてはなりません。つねに、自分の仕事を受け取る人の立場を考えながら手順やスケジュールを考えることが、仕事の速い人の段取りです。

37

×　タイパの低い人

「聞きやすい人」に相談する

←

○　タイパの高い人

「答えを知っている人」に相談する

「聞きにくい人」にも話しかける

仕事で困ったときに、誰かに相談することも多いでしょう。このとき、「聞きやすい」だけの人に相談していませんか？　相談する相手については、「答えを知っている・知らない」×「話を聞きやすい・聞きにくい」の2つの軸で整理できます。

「答えを知らないし、聞きにくい人」には、最初から聞かないでしょう。よくやってしまうのが、「答えを知らないけど、話を聞きやすい人」に相談することです。このタイプの話しやすい人は、愚痴を聞いてくれても、明確な答えを教えてはくれません。

「答えを知っている、話を聞きやすい人」が当然ベストです。こんな上司や先輩が身近にいる人は、ラッキーです。あなたもきっと自然と聞きに行っているでしょう。

大事なのは、「答えを知っているが、話を聞きにくい人」です。仕事はできるけれど、おっかなそう、ふだん無口で忙しそうな上司といった感じの人です。無意識のうちに避けていることがよくあるタイプの人ともいえます。**あなたの視野を広げてくれる可能性があるので、このタイプの人に聞かないのはもったいない**ことです。

上司からすれば、部下から頼りにされて聞きにこられると内心うれしいものです。私も聞きに行って怒られたことは一度もありません。ただ、最低限のことを準備してから聞くようにしましょう。「どうしたらいいでしょうか？」ではなく「A、B、Cの案のうち、私はAがいいと思いますが、いかがでしょうか」といった具合です。

38

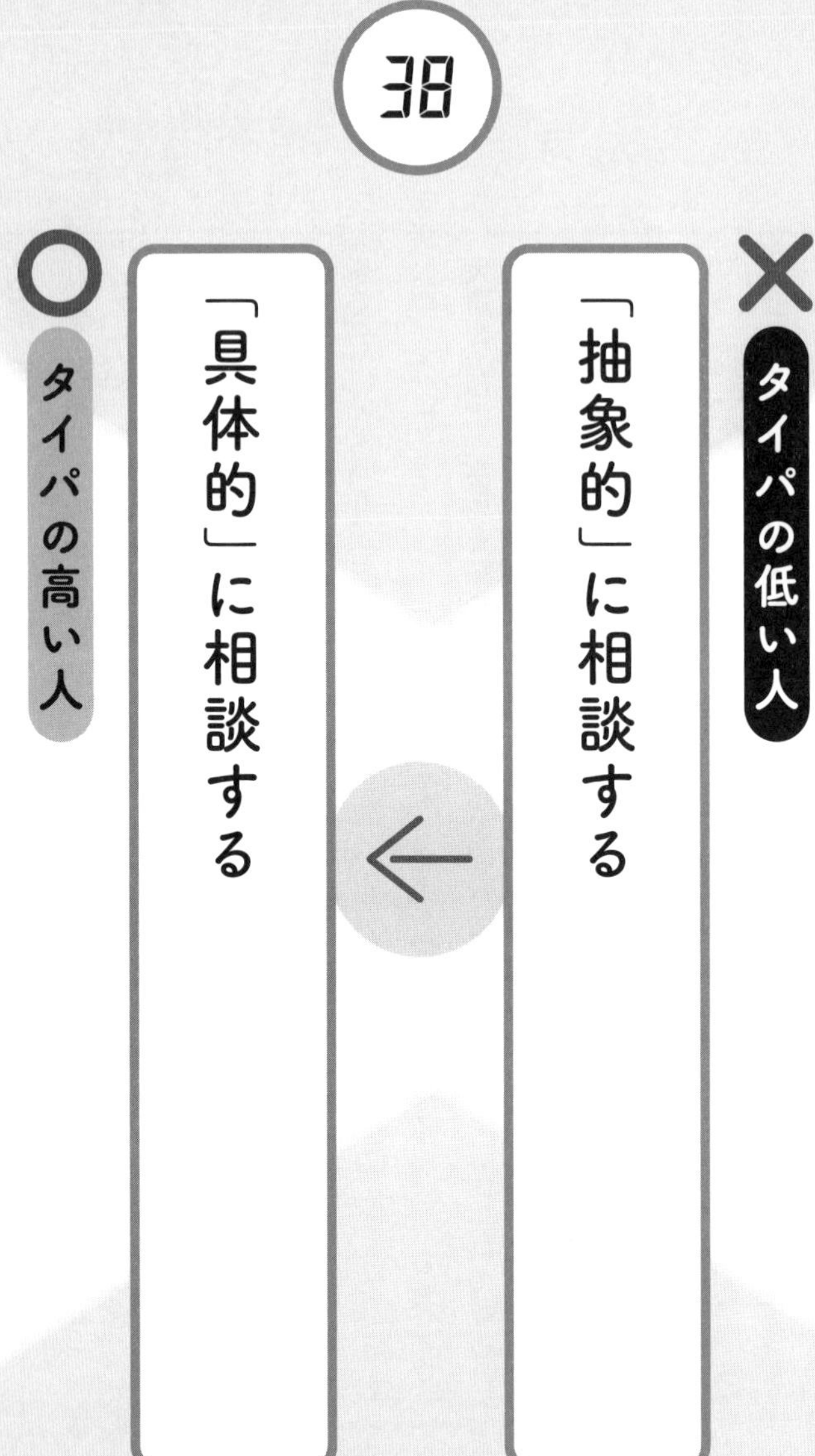

×
タイパの低い人
「抽象的」に相談する
○
タイパの高い人
「具体的」に相談する

数字・固有名詞を盛り込む

上手に相談するポイントは、「具体的に話すこと」です。

あなたは卸売会社の営業課長です。「もっと美容系商品を売りたいのですが、どうすればいいか？」と2人の部下から相談されました。

Aさんは、「がんばってしっかり商談したんですけど、最後のひと押しが足りなかった」と言います。こう言われても、「なにをがんばっているのか？」があいまいなので、よくわかりません。上司のあなたは、どんな得意先に、どの商品を、どれくらいすすめたのかなど、詳細を具体的に聞き出す必要があります。

一方のBさんは、「都心のスーパーマーケット会社のX社、Y社、Z社の本部の人と商談しました。ところが、Z社では1ケース30個入りだと物流コストもかかるため、仕入れが難しいと言われてしまいました。Z社だけ値下げをしてもいいですか？」と相談してきました。この段階で、あなたは問題点が1ケースの個数だとわかります。この場合、「値下げは価格競争になるので避けたい。1ケース10個入りをつくって再度商談をしてみよう」などと次につながる解決策も検討できます。

「すごい」「しっかり」などの形容詞や副詞は、できるだけ避けましょう。**数字や得意先の名前・肩書など事実情報を交えて状況を具体的に**伝えましょう。そうすれば解決につながるヒントを具体的に教えてもらえるはずです。

39

✕ タイパの低い人

1人であれこれ悩みすぎる

←

○ タイパの高い人

関係者の知恵を借りる

周りの人の「得意技」を見つける

「あれこれ考えているうちに時間だけが過ぎて、なかなか行動に移せない」ことはありませんか？　1人で考えすぎずに、周囲の人たちの知恵を借りましょう。

知恵を借りるためには、「周りの人たちそれぞれの得意技」を知る必要があります。あなたの仕事の価業について、「資料づくりなら◯◯さん、プレゼンなら□□さん」などと、「これは、この人が得意だ」を整理しておきましょう。**引き出しに情報を入れておいて、必要なときにいつでも取り出せるようにしておく**イメージです。

いうまでもなく、引き出しは多いほうが、発想や仕事の幅も広がります。引き出しに入れる情報は、同僚のランチや、近くのデスクの人との立ち話など、日々の中で入手できるもので十分です。

「優秀なビジネスパーソンほど現場を歩き回る（ウォーキング・アラウンド）」といわれます。私の経験では、外資系でも日系企業でも「敏腕」といわれる経営者やエグゼクティブは、会社のフロアーを歩き回って、「どうだ？」と私たちによく声をかけていました。私がアシスタントマネジャーだったころ、米国本社からきている社長に「先日の会議のプレゼンよかったよ。グッジョブ！」と声をかけてもらい、感動しました。

ほんのひと言の会話でも、仕事の得意技や人柄も知ることができます。共感も生まれやすく、気軽に知恵を出し合える雰囲気のいいチームになるでしょう。

40

×タイパの低い人

根回しせずに正面突破する

←

○タイパの高い人

キーパーソンを見極めて根回しする

ゴールから逆算して上手に相談

仕事の速い人は、「実質の決定権」を持つキーパーソンを見極めて根回しします。

ある商品企画を進めるさいに、社内で決裁が必要な人が10人いたとします。この10人のうち、社長でも企画部でもなく、営業部でもなく、製造部に実質の決定権があったとします。

この場合、その製造部の責任者を最優先に相談するのが近道です。「懸念事項・反対意見はありますか？」と聞いてアドバイスをもらい資料に盛り込んでおけば、ほかの決裁者も「製造部がOKなら、やってみよう」と判断するでしょう。逆に、製造部の責任者に通さずに進めていると、他部署に「製造部と話をつめるように」と言われ、さらに時間がかかるかもしれません。

実質の決定権を持つ人が、話しやすい相手とはかぎらず、厳しいことを指摘してくる「話しづらい相手」である場合もあります。この場合も、**「決裁を得る」というゴールから考えれば、キーパーソンから最優先に話を通すのが最速ルート**です。これによって、その商品企画の味方となって応援してくれることも少なくありません。

根回しは、ネガティブなものではありません。**根回しとは事前相談のことであり、スピーディに成果を生み出すうえでは、必要なもの**なのです。ただし、「実質の決定者」を重視するあまり、ほかの人を軽視するような失礼は避けましょう。

×タイパの低い人

他人に任せられず抱え込む

○タイパの高い人

他人に任せて仕事を進める

自分を過大評価しない

つい仕事を自分1人で抱え込んでしまうことはありませんか？　恥ずかしながら、新入社員当時の私がまさにそうでした。「中途半端に仕事ができる人」だった私は、「これくらいできる」と自分を過大評価していて能力以上の仕事を抱え込んでいたのです。

しかし、**仕事ができる人は「他人に任せる」ことが上手**です。

「完璧な人などいないから、1人でやってもできることに限度がある」と教えてくれたのは、新卒で入社したメーカー中央発條の上司でした。仕事の能力は抜群で、面倒見もいい方だったので、仕事でもプライベートでも自然と周りに人が集まってきました。この方から、「組織で仕事をするとは1人ひとりの足し算ではなく掛け算」なのだと学びました。たとえば、数字が苦手な人は、得意な人の力を借りればいいのです。**苦手を克服するよりも、苦手を埋めてくれる人を探す**ほうがいいでしょう。

この方は私の退職後も活躍され、常務を務めていました。上場企業の役員はこういう人がなるのだなと妙に納得しました。いま私が関わっている経営者の方々は、「仕事ができるだけ」ではなく、人間味もあふれている人ばかりです。

仕事ができるだけでも課長や部長にはなれますが、さらに上に立つには、「**なにをやったら人が動くか**」**を理解している必要がある**のだなと感じます。昇進への興味の有無はさておき、人間力を磨くためにも、他人に任せることから始めましょう。

× タイパの低い人

仕事を全部引き受ける

←

○ タイパの高い人

期限に間に合わないなら断る

「成果」を基準に考える

仕事の速い人は、「いい人」ぶったりせずに、断るときにはきちんと断ります。

スケジュールを確認して、その仕事を期日までに仕上げられる見込みがないのであれば、断ることも大事です。

「上司や先輩からの頼みは断りにくい」「クライアントの仕事を一度断ったら、次のチャンスはないかもしれない」など、いろいろな理由はあるかもしれません。とくに責任感の強い人は、無理な仕事を振られても引き受けてしまう人もいます。

しかし、**期日になって「やっぱりできませんでした」「もう少し時間をください」は最悪**です。結果的に、もっと迷惑をかけてしまいますし、なにより信頼を失ってしまうからです。

こうしたときには、多くの人が、仕事を引き受けるか、引き受けないかの二択で考えがちですが、**条件つきで引き受けるという選択肢**も考えてみましょう。

たとえば、「15日までだったらできますが、いかがでしょうか?」と期日を変更できる余地があるのか事前に確認したり、「12日でもできますが、もう1人ヘルプを入れてください」などと追加の提案を考えてみましょう。

×タイパの低い人

上司の指示を鵜呑みにする

○タイパの高い人

上司の指示に優先順位をつける

上司の「傾向」をつかみ「対策」を練る

上司から指示を受けると、重要な仕事でなくても無条件に優先順位をあげてしまう人がいます。基本的に、**優先順位をコントロールするのは自分**です。

仕事の指示や依頼を受けるときには、相手が誰であっても、「いつまでに必要か」の緊急度と「どのぐらい優先したほうがいいか」の重要度の両方を確認しましょう。

この緊急度と優先度の具合は、いま進行中の直近の仕事などを加味して判断します。上司が急ぐようであれば、「いま進めている案件Aよりもそちらを優先したほうがよろしいですか？」と上司に状況を伝えたうえで判断をあおぎましょう。

なかには、「そうはいっても、私の上司は本当に理不尽なので、すぐにやらないと、たいへんなことになります！」という人もいるでしょう。

その場合は、**上司の傾向と対策を練っておく**のがおすすめです。たとえば、「第3週の木曜ぐらいには、仕事の進捗について確認される」という傾向をつかんでいれば、第3週の火曜日ぐらいに報告するという対策を立てられます。こうして先手を打てば、こちらのペースで仕事を進められるはずです。もちろん、予測できないこともありますが、それも新たな傾向と割り切って、蓄積していけばいいでしょう。

ここでのポイントは、**成果を出すには上司の顔色をうかがうよりも、自分で優先順位をコントロールするためにできることはなにか、を意識して工夫すること**です。

×タイパの低い人

関係者に進捗状況を聞かれる

←

○タイパの高い人

関係者に進捗状況を報告する

上司や顧客に催促させるのは禁物

仕事で上司や顧客に言わせてはいけないことがあります。それは「得意先の商談はどうなってる?」「納期は大丈夫ですか?」といった進捗状況を催促されることです。心配させ**催促させることは、上司や顧客の時間を奪っている**ことになります。催促や確認をされることが多い人は、強い危機感を持って、進捗報告を見直してください。

絶対に外してはいけないタスクと、終えるべき期限を明確にして、こまめに報告しましょう。コツは、**目的に合わせて具体的に報告する**ことです。

作業の進捗なら、「現状70%で予定どおりに進めているので1週間後には完成します」と数値を入れて報告します。

くわえて、報告のタイミングにも気を配りましょう。**途中でもいいので経過報告をする**のです。そのときに遅れや懸念事項があれば、対応策と理由を添えて伝えましょう。たとえば、「工程に問題があり品質に問題が出ました。対応策として、A・B・Cがありましたが、Aにしました」と理由を添えるのです。対応策に上司や顧客の承認が必要な場合には、問題が発生した時点ですぐに報告するのが大事です。「**バッドニュースファースト**(**悪い知らせほど先に**)」**が原則**なのです。

営業であれば、月末を待たずに中旬に、見込みの数字を報告すれば、次の一手につなげられます。上司の会議や報告の予定から逆算して報告しましょう。

45

×

タイパの低い人

指定の期日ギリギリに提出する

←

○

タイパの高い人

指定の期日の数日前に提出する

どうしても無理なら早めに連絡

仕事を進めるうえで、期限は信頼にかかわるものです。期限を守らない人は、重要な仕事を任せてもらえません。

仕事が速い人は、催促されないのはもちろん、期限を前倒ししてさらに強い信頼関係を築きます。その秘訣はどこにあるのでしょうか。

たとえば、資料作成を依頼されたら、遅くとも指定された期日の前日には送るようにしましょう。そうするためには、**自分のなかでの締め切りを、「指定された期日」ではなく、「指定された期日の数日前」に設定する**ことです。ある程度、期間をとった仕事の場合、「9日」などと時間を指定されないこともあるでしょう。こんなときでも「7日の午前中」には送っておきたいものです。

私自身この指定された期日の数日前に送るのを徹底しており、相手と信頼関係を築くうえで有効ですし、なにより喜ばれます。

期限を守ることが大切なことはわかっていても、どうしても間に合わないこともあるでしょう。そんなときには、早めに連絡をして相談をしましょう。

心理的に言いづらいのはとてもよくわかりますが、相手の立場から考えてみれば、締め切り当日にモノが届かないよりも、事前に相談してもらったほうがよほど助かります。代案を検討したり、スケジュールの変更を早めに相談できるからです。

46

×タイパの低い人

関係者にギリギリに依頼する

○タイパの高い人

関係者に事前に依頼する

自分と他人では優先順位が違う

上司や他部署の人に、急なお願いをしていませんか？

その日の夕方ぐらいに「今日中にご確認お願いします」というようなお願いはやめましょう。チェック自体はしてくれるかもしれませんが、「今日は切りあげようと思っていたのに」と内心思っているかもしれませんし、「段取りの悪いやつだな」と評価されるかもしれません。顧客が企業の場合には、担当者1人では決められずに、上司の承認や関連部署の同意が必要になることが大半です。

仕事を円滑に進めるには「後工程の人」の都合を考えてパスを出すことが大事です。そのためには、ゴールから逆算してなにをいつまでにやるべきかをはっきりさせることから始めます。そして、各工程で関係者に依頼や提案するタスクには特に注意を払って、**余裕を持ったリードタイムを設けておくことで、急な依頼をせずにすむように段取りをしたい**ところです。

タイトなスケジュールのなかで進行しなければならないときにも、リードタイムが設けてあれば、予備日を1日削ることで急ぎでの対応を避けられます。

そもそも、自分のタスクの優先順位と、上司や顧客の優先順位が同じとはかぎりません。**全体のスケジュールを知らせたうえで、なぜそのタイミングでお願いするのかも、事前に合意し、節目節目で確認する**のがおすすめです。

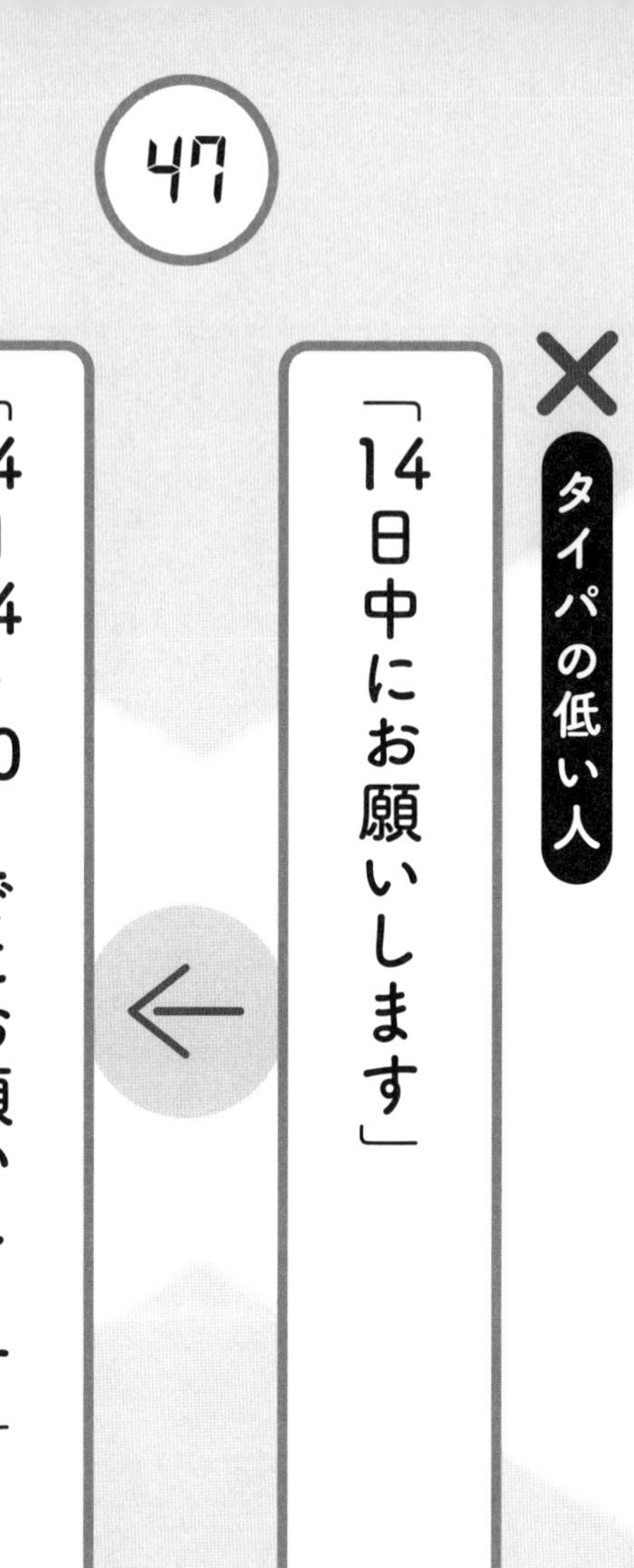
47
×
タイパの低い人
「14日中にお願いします」
○
タイパの高い人
「14日14：00までにお願いします」

時間まで確実に指定する

期日のある仕事を依頼するときには、日にちはもちろん時間もはっきり示しましょう。相手が、自分と同じ時間感覚や優先順位で動いているとはかぎらないからです。

私がメーカーで勤務していたとき、広告代理店さんに「広告のデザイン案を14日中にお願いします」と伝えました。ところが「14日の夕方」になっても連絡がありません。私は〝14日中〟を自社の終業時間の17時ごろまでと思っていましたが、相手には深夜まで仕事をする習慣があり、「14日の28時（15日の午前4時）に送ればOK」と思っていたのです。「14日の16：00までにお願いします」と、具体的に期限を示すようにすればこうした感覚のズレがあったとしてもムダに待つこともなくなります。

油断してはいけないのが、やりとりが複数回にわたったときに、「以前確認したので、今日中に送ってくれるはずだ」と勝手に期待して仕事を進めてしまうケースです。こうした場面でも、「本日の16時までにお願いします」などと、最後の念押しをすると確実です。くわえて、「○○する必要がありますので」「この案件は重要で関係者が多いので、早めに進行したくて」などと、背景にある理由や重要度を伝えると、その日に必要だと認識してもらえます。

仕事を依頼する初期の段階で、全体の進行スケジュールなどを確実に伝え、節目で念押しをすれば、時間と労力のロスを防ぐことができるのです。

48

×

タイパの低い人

アウトプットを相手に丸投げする

←

○

タイパの高い人

アウトプットのイメージをすり合わせる

共通認識を持てばズレがなくなる

仕事を任せるときには、相手に自分がやりたい方向性を伝えて、共通認識を持つことが欠かせません。これをしておかないと、「できあがりがイメージと全然違う！」ということになりがちです。

私がマーケティングマネジャーだったとき、新しいサービスの市場導入キャンペーンを、部下に任せたところ、「広告代理店さんから、いいデザインがあがってこなくて。あの人、あまりうまくないですよね」と言ってきたことがありました。それもそのはず、彼から広告代理店には「かっこいい感じにしてください」と抽象的であいまいにしか頼んでいなかったのです。これではこちらの意図が反映されたデザインがあがってくるわけがありません。

広告や設計、新製品のアイディア出しなどの**抽象的なアイディアを具体化していく仕事では、「書いたもの」をつくることが効果的**です。

たとえば、広告キャンペーンをつくるときに、誰に伝えたいか、なにを伝えるべきか、広告の目標を明記した「**クリエイティブブリーフ**」をつくり広告代理店との打合せで使います。

とくに他社や他部署に仕事を依頼するときには、アウトプットしたいイメージをできるだけ具体的にすり合わせ、共通認識をつくるようにしましょう。

49

×
タイパの低い人

アイディアを本番で初めて披露する

←

○
タイパの高い人

アイディアを人に話して反応を探る

実現の先の成果まで見すえる

アイディアを企画や計画に落とし込むためには、たたき台をつくったうえで、自分以外の人に話して巻き込んでいくのが早道です。

ここ最近、製造業の経営者からの「画期的な事業プランや製品企画をしたいのです。そのために、うちの社員がこれまでの延長線上にない発想ができるようにしてほしいのです」という社員研修のオーダーが増えています。このような研修の最後には受講者のみなさんから社長に、自分たちが考えた事業計画のプレゼンをしてもらいます。

プレゼン後に社長から「それおもしろいけど、本当にできるのか？」と問われたAさんは、「実現可能性については、これから検討します」と答えました。Bさんは「はい、できます。製造部のCさんに事前に相談したところ、材料の調達も生産での負荷も問題ありません」と理由を添えて答えました。社長はBさんの案を採用したのです。

Aさんは、思いつきをプランに入れただけなのに対し、Bさんは、事前に製造部のCさんも巻き込んでアイディアを企画レベルまでしっかり磨き込んでいました。

両者の違いは、「なにを目的としているか」に尽きます。Bさんは目の前の「研修のプレゼン」ではなく、**「実現して成果を出すこと」を目的にしているので、そこに辿り着くまでに確認しなければならないことに気づいて動けた**のです。こうなると、すばやく着手でき、進捗のスピードもあがります。

×
タイパの低い人

「弱み」の克服に時間をかける

←

○
タイパの高い人

「強み」を最大限に生かす

弱みを補ってくれる人と組む

完璧な人などいません。人それぞれに「強み（得意なこと）」「弱み（苦手なこと）」があります。**仕事で価値を生むためには、強みを生かすことが重要**です。

営業の仕事をしている年下の友人から「口下手で悩んでいるんだけど、克服する方法はない？」と相談を受けました。営業のように客前で仕事をする人は、「饒舌（じょうぜつ）であること」が強みだと思いがちです。たしかに、いつもおもしろいことを言える人であれば顧客も喜ぶかもしれません。しかし、饒舌すぎると、「口車に乗せられるんじゃないか？」とかえって警戒する顧客も少なくありませんし、話をよく聞いたうえで、大事なことだけを言ってくれる人を信頼する顧客もいます。

その友人は、口数は少ないけれどよけいなことを言わず、大事なポイントを的確に押さえてフィードバックしてくれるので、とても頼りになるのです。本人からすると口数の少なさを口下手だととらえ「弱み」と認識していましたが、私からすれば口数の少なさは物静かで頼りになる「強み」に見えています。

このように、**見方を少しずらせば、弱みは強みになる**ものです。自分のなにが弱みかを正しく認識していれば、視点をずらして強みとして生かせます。また、その**弱みを補ってくれる人と組めば、成果を出せるチームになる**でしょう。

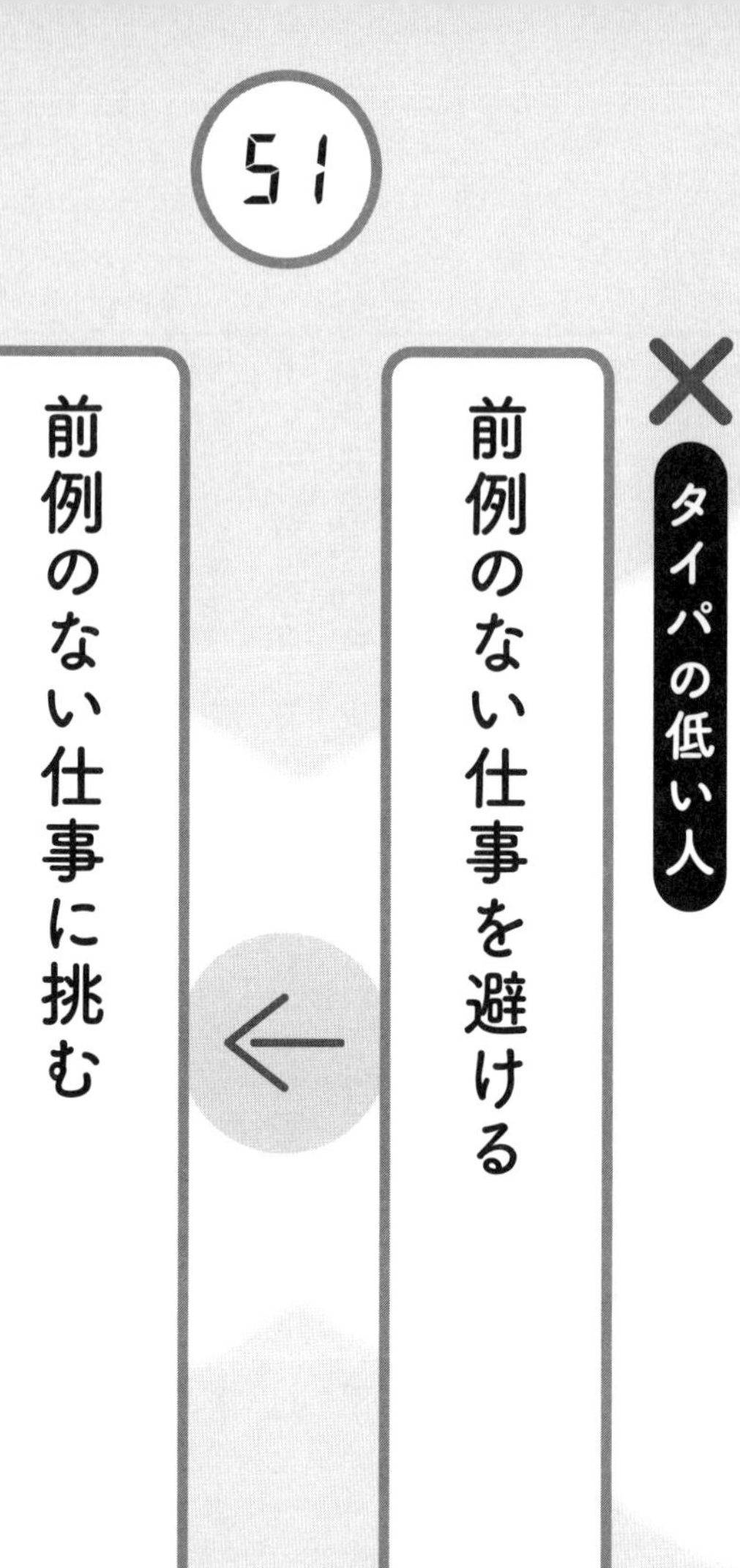
51
×
タイパの低い人
前例のない仕事を避ける
前例のない仕事に挑む
○
タイパの高い人

現場で一次情報を集める

会社にとって「初めての仕事」「前例のない仕事」は新たな収益源になる可能性もあるので、価業にあたります。

経営やマーケティングにおいてまず分析すべきは、①お客様（市場）、②自社、③競合、の3つです。これらの情報は、データやメディアによる二次情報だけではなく、自分自身の足を使ってできるだけ現場で一次情報を集めるのがよいでしょう。

私は過去にラッキーストライクのメンソールという、それまでなかった新製品のタバコをつくる担当者をしていました。当時は仕事帰りに毎晩のようにタバコ店に通い、ラッキーストライクとその競合であるマールボロを買う人たちの違いを観察しました。夜中になるとそのままクラブやディスコに行き、ラッキーストライクを吸う顧客の特徴を観察しました。すると、ラッキーストライクを吸う人は、1人できたり、こだわりの強いファッションをしたりしている。一方でマールボロを吸う人は大勢でクラブにくる傾向にあることなどがわかりました。

これらは実際に足を運ばないとわからなかった違いですし、この違いは、そのあとの広告戦略を考えるときにもとても役立ちました。

新しい仕事に取り組むときは、人の力を借りてできるだけ早く「作業」を終え、サボる時間を確保し、仕事の成果につながる「価業」に時間を使いましょう。

× タイパの低い人

いつも同じようなアイディアしか出ない

←

○ タイパの高い人

いつも違う発想をする

いつもと違う行動をとる

いつも同じようなアイディアしか出ないという人は、入ってくる情報がいつも同じパターンになっているからかもしれません。価値を生み出す発想は、机にいるときよりもサボる時間に生まれやすいものです。そこでおすすめなのが、いつもの行動をあえて変えてみることです。**いつもと違う行動が、いつもと違う発想につながる**のです。

たとえば、**デジタルなものをアナログに変えてみる**のもひとつです。

いつも電子書籍で本を読んでいるなら、リアルの書店に出かけて自分のアンテナに引っかかる本を手にとってみる、といった具合です。私はあえて、紙の新聞や雑誌を読むようにしています。ネットは便利ですが、自分の興味があるものにしか目が行きません。一方で、紙のメディアは情報の一覧性が高く、全体をパッと見ることができるのでいい情報との偶然の出会いがあるのです。そのなかから、目に留まるものに何かしらのヒントがあるかもしれません。

昔読んだ本や愛読書を読み直すのもいいでしょう。私は『ゴルゴ13』や『課長島耕作』が愛読書ですが、何度か読み返しても発見や気づきがあります。「マーケティングでいうと○○だな。今度、研修で話してみよう」などと思うこともあるのです。

いつもと違う行動をとれば、新たな刺激を得られて、これまでにない発想が生まれやすくなります。無理なくできることから始めてみましょう。

×タイパの低い人

目的のないままインプットする

○タイパの高い人

アウトプットを意識してインプットする

情報の価値を判断できる

情報や知識・ノウハウをインプットするのが大好きで、勉強ばかりしている人がいます。それらは、あくまで仕事で成果を出すための「ツール」にすぎません。**どんなアウトプットにつなげたいかというゴールから逆算して、取捨選択**しましょう。

セミナーでいえば、「勉強」を目的に参加している人は「いい話を聞いたな」で終わりますが、「自社の課題を解決する打開策」というゴールを目的に参加している人は、「学びを仕事で生かすこと」を考えます。たとえば、セミナーで得たヒントをもとにした施策を打つときに、関係部署の人にどのように話せばいいか、さらにどのように実践すればいいか、を意識して参加します。そうすれば、「この情報は参考になる」「これはいらないな」と振り分けられるのです。

このように、**アウトプットが明確であれば、情報を取捨選択して整理できるので、インプットの質もおのずと向上する**ものです。私も、顧客企業のコンサルティングや研修に役立てるアウトプットを意識して生活しているので、ふと見た店舗の看板や広告、友人や家族との会話などから多くのヒントをもらっています。

インプットとアウトプットのあいだを往復しているうちに、情報の価値を判断するセンサーも磨かれていくのです。

Column 5

コミュニケーションコストの高い人、低い人

あなたは「コミュニケーションコスト」について考えたことがありますか？

コミュニケーションコストとは、相手が考えていることを推測したり、タイミングを見計らったり、相手への気づかいのことと考えればわかりやすいでしょう。

不機嫌な人はコミュニケーションコストが高く、ご機嫌な人はコミュニケーションコストが低いといえます。

不機嫌な人は、周囲の人が話しかけるのをためらってしまうので、報告やアドバイスなどの情報がタイムリーに集まりづらくなってしまいます。また、とっつきにくい印象を与え、初対面などでは不利になってしまうこともあるかもしれません。

反対に、ご機嫌な人は、人から話しかけてもらいやすく、情報も集まってきやすくなります。いい提案も生まれてきやすくなるでしょう。

一般的に職位や年齢が上がるほど、気をつかわれるようになるため、コミュニケーションコストは高くなる傾向にあります。

コミュニケーションコストをさげるには、きちんとあいさつをする、笑顔でいる、人の話をきちんと聞く、気軽に声をかける、お礼を伝えるなど、すぐにできることが数多くあります。他人から自分がどう見えているかについても意識しましょう。

第6章

メールに時間をかけすぎない

× タイパの低い人

メールで仕事をした気にならない

←

○ タイパの高い人

すき間時間で効率的に処理する

メール処理は「作業」

仕事の目的は成果を出すことです。メールをすることは、手段に過ぎないので、「作業」に分類されます。

営業の人がいくらメールをしたところで売上がすぐにあがるわけではないし、人事の人がメールを送ったからといってすばらしい人材育成プログラムが遂行されるわけではありません。**メールの作成や処理に必要以上の時間をかけて、仕事をした気にならない**ように注意しましょう。メールをしただけで仕事をした気分になってしまっている人は、メールだけではなんの成果も生んでいないことを、まず自覚しましょう。

メールの処理の仕方は人それぞれの工夫があると思いますが、**仕事が速い人の共通点は、メールを手段と割り切り、できるだけ効率よく処理している**ことです。

仕事が速い人は、わざわざメールチェックをする時間をとらず、5分、10分のすき間時間を使っている人がほとんどです。

メールを受信するたびに、自分の仕事を中断するのは効率的ではありません。せっかくの集中力がとぎれてしまい、中断するたびに、冷えてしまったエンジンを温め直さなくてはならないからです。

メールを開くのは1日に何回かだけにして、まとまった「価業」に使うための時間の途中で集中力がとぎれないように工夫しましょう。

×

タイパの低い人

なんでもメールで済まそうとする

←

○

タイパの高い人

機微に応じてツールを使い分ける

大切なことは「双方向」の手段で

ビジネスでは「バッドニュースファースト（悪い報告を先に）」が鉄則です。悪いニュースほど即座に対策を打たなくてはいけないですし、放置しておくとあとあと悪影響が大きくなってしまうからです。

謝罪しなくてはいけないことや言いにくいことも放置すると悪影響が大きいので、スピーディに対応することが求められます。

バッドニュースをいち早く知らせるうえで、メールのスピードは魅力です。相手の顔が見えませんし、面と向かって怒鳴られたりすることもないので、言いにくいことはついついメールで伝えてしまいがちです。

しかし、**どんなに言葉を尽くしたとしても、しょせんメールは一方的なコミュニケーション手段**です。

相手の顔を見たり、声を聞きながら、直接真摯（しんし）に伝えるのとでは、コミュニケーションの密度がまったく違います。メールでは間違った解釈をされてしまったり、よけいに怒らせてしまったりするリスクもあります。重要な話であるほど直接会ったり、電話で伝えたりするほうがこちらの誠意も伝わります。

怒られるのを怖がってメールで済ませることは避けましょう。メールでお詫びする場合も、まずはメールをして改めて会うか電話で説明したい旨を添えましょう。

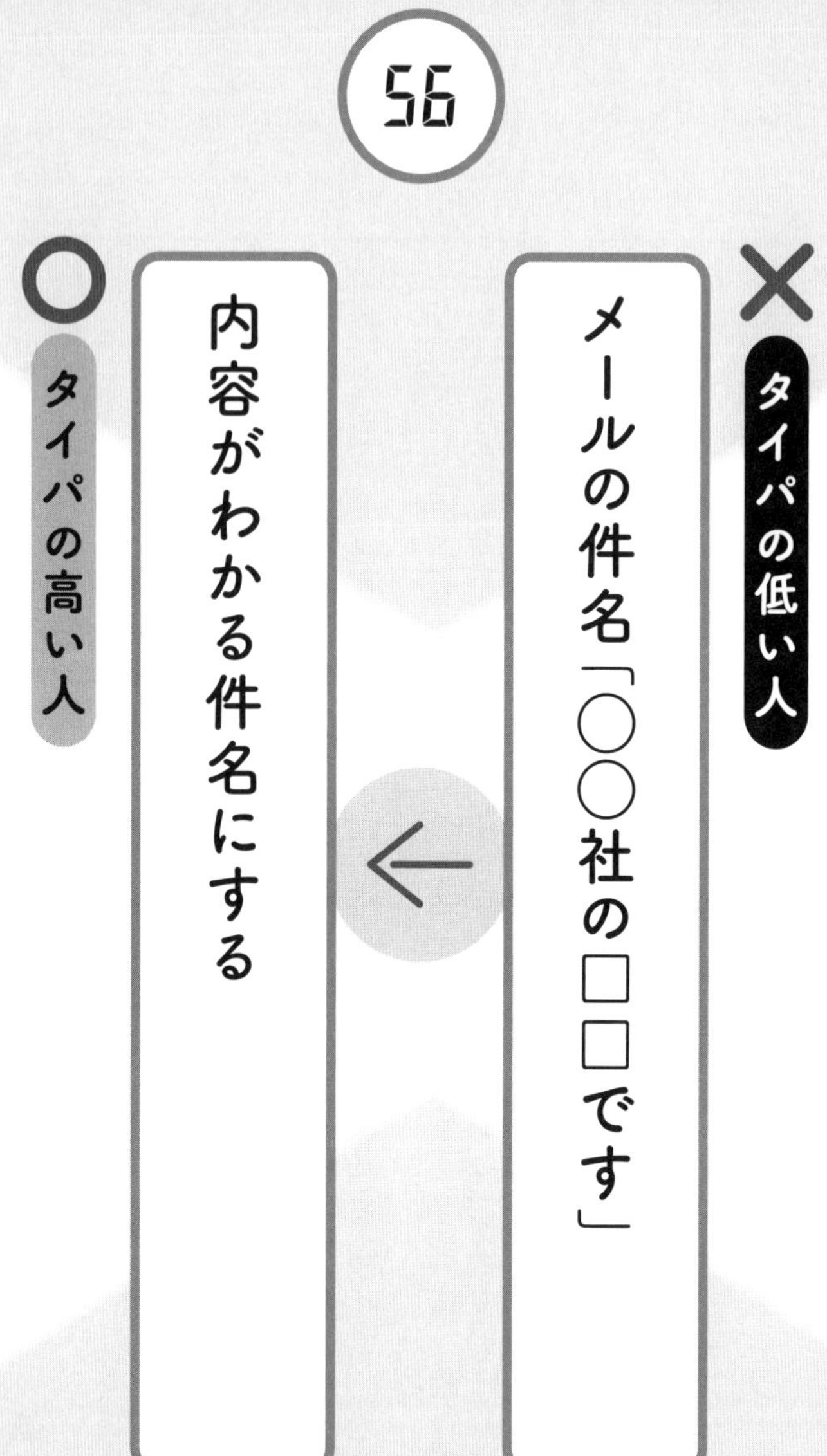
56
×
タイパの低い人
メールの件名「○○社の□□です」
○
タイパの高い人
内容がわかる件名にする

用件を具体的に伝える

メールの件名に「○○会社の△△です」と書いて送るのはやめましょう。これでは受け取った相手は、メールを開くまで用件がわからないからです。そもそも、メールの差出人の名前は件名にわざわざ書かなくても、差出人のところで表示されるわけですから、「○○会社の△△です」という件名では、なんの情報も伝えていないことになります。ほかにも「ご無沙汰しております」や「お世話になっております」などの**あいさつの件名もやめておきましょう。**これも件名を読むだけでは内容がわからないので、相手にとっては不親切です。

逆に、**メールの件名に用件**が入っていれば、いますぐ読むべきなのか、あとで読んでも大丈夫な用件かを、メールを開かなくても判断できます。相手にムダな時間を使わせることなく、時間を節約できます。

たとえば「会議日程の変更について」と具体的に用件が書かれていれば、すぐにメールをチェックしなくてはいけないとわかりますし、「昨夜のパーティのお礼」と書かれていれば急いで返信しなくても大丈夫だとわかります。このように、名前やあいさつではなく、用件がわかるように件名を書きましょう。

もし、名前を入れたい場合は、「会議日程の変更について（理央）」「昨夜の会食のお礼（理央）」などと、「用件（名前）」と書けばいいでしょう。

57

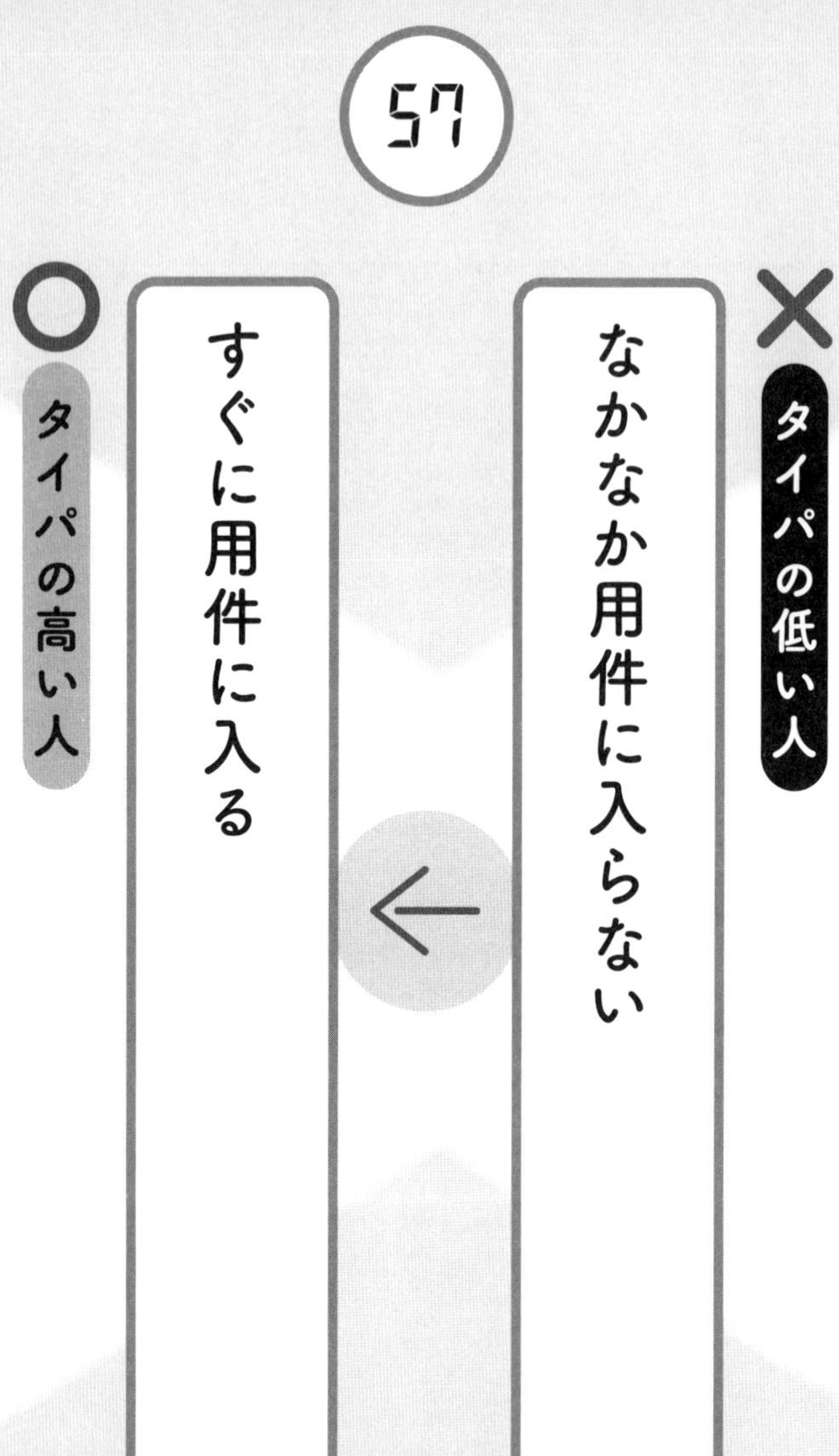

タイパの低い人
なかなか用件に入らない
タイパの高い人
すぐに用件に入る

端的にわかりやすく書く

メールの件名だけでなく、本文に関してもできるだけ端的にわかりやすい文章を心がけましょう。**わかりやすくするためのコツは「結論を先に書く」**ことです。

メールを手紙の延長だと考えているためか、最初に時候のあいさつをし、次に近況をうかがい、メールした理由を細々と書き、最後の最後でやっと相手になにをお願いしたいのかを書く人がいます。手紙のやりとりであればまだしも、一刻を争うビジネスシーンでのメールでは、宛名のあとに、すぐに用件に入っても失礼にはあたりません。結論を最初に書いてから、詳細を書くことが原則です。

日本人は欧米人に比べ、結論を最後に話しがちだとよく言われますが、ビジネスの場では**「結論（コンクルージョン）ファースト」が鉄則**です。時間は重要な経営資源ですから、最初に全体の方向性を示してから、説明するのがいいでしょう。

「お打合せをお願いしたく、ご連絡差しあげました」「新規案件のご相談をしたく、メールいたしました」などと書けば、読み手はメールの用件をすぐにつかめ、相手のタイパもあがります。結果的にすぐに返信がもらえて、スピーディに物事が進むでしょう。

58

×
タイパの低い人

「なにをすればいいか」わかりにくい

←

○
タイパの高い人

「なにをすればいいか」すぐにわかる

期日とアクションを明確に書く

相手にアクションをしてもらいたい場面では、**「いつまでに」「なにを」してほしいのかを明確にする**メールを心がけましょう。

なかなか主旨が伝わりにくいメールは、「ん？　結局、私になにをしてほしいのだろう？」と相手に思わせてしまいます。これでは、メールの内容を相手に確認させることになり、よけいな時間と手間をとらせてしまいます。

メールをするときは、お願いしたいアクションを具体的に、期日とともに明記しましょう。「△月△日△時までにお返事いただけますでしょうか」などと、相手がいつまでになにをすればいいのかすぐにわかるメールを送りましょう。

「目上の人や取引先に対して、行動を促し、かつ期日を設けるようなメールを送るのは失礼だ」と思う人もいるかもしれません。

しかし、「いつまでに」「なにを」しなくてはいけないのかわからないメールを送るほうが、相手にとっては時間のロスになりますので、遠慮する必要はまったくありません。**お願いするアクションを明確に書くのがマナー**です。

どうしても気になる人は、「こちらの都合で申し訳ありませんが」などのひと言を添えて、配慮の気持ちを示せばいいでしょう。

タイパの低い人

「添付をご確認ください」

タイパの高い人

本文に「添付の要点」を書く

相手の手間を少しでも減らす

仕事の速い人は、添付ファイルを送信するときにもひと工夫します。「**添付ファイルをご確認ください**」**とだけ書くのではなく、添付ファイルの内容がわかる要約を本文につけると**よりよいでしょう。

「添付をご確認ください」とだけ書かれて送られてきたメールでは、内容がよくわからないので、相手によけいな手間をかけさせてしまい、時間のムダを生みます。宛先が複数ならなおさらです。

相手に添付データを確認してもらいたいときには、確認してほしいポイントを明記してください。何度かやりとりしているデータの場合は、どこに修正をくわえたのかを伝えたほうが、相手もなにをすればよいか、アクションにうつしやすいでしょう。

メールを受け取る相手がいますぐ添付ファイルをダウンロードできない状況の場合でも、本文に添付の内容について要点がまとめられていれば、なにが送られてきて、自分がなにをすればいいのかの、おおよその見当がつきます。早めにダウンロードしなくてはいけないものなのかどうかも、そのまとめを見れば判断できるので、時間のロスを防げます。

ここでも、後工程のアクションを少しでも減らす配慮をすることで、結果的に速く仕事ができるようになるのです。

60

✕ タイパの低い人

小さなことでも先延ばしにする

○ タイパの高い人

「2分以内にできること」はすぐする

「基準」を決めてリストアップ

メールの返信が早い人は仕事ができる、というわけではありませんが、**仕事ができる人は、メールやLINEの返信も早い**ものです。

複数社を経営しているスタートアップ企業の社長は、すごく忙しいはずなのにラインを送ると2分以内に返信があります。彼のように、**2分以内に返信できるものは、後回しせずにその場ですぐに「完了」すれば、そのメールを再度開いて返信する手間が省けます。**

もちろん、なかには熟慮して返信する必要のあるメールもあるので、すべてのメールにこうする必要はありません。そこで、「**すぐに返信するメール**」と「**あとで返信するメール**」の「**基準**」を**自分なりに決めておく**のがおすすめです。私の場合、日程調整、リスケの依頼などは、早く日程を決めてしまったほうがいい案件や、長めの文章を打つ必要がなくスマホでできるメールには、すぐに返信することにしています。

シンプルな報告、確認やお礼にも「ご連絡ありがとうございます。承知いたしました」と返すだけなので、すぐに返信します。外出していてすぐに返信できない場合も、「のちほど確認して、期日までにご連絡差しあげます」と伝えれば、メールを受け取ったことは伝わります。

顧客や上司から「届きましたか?」と確認や催促をされないようにしたいものです。

✕ タイパの低い人

「届いていること」を前提としない

←

〇 タイパの高い人

「届いていない可能性」も念頭に置く

手遅れになる前に要確認

メールは電話と違って自分から相手へ一方通行のツールですから、返信がきて初めてコミュニケーションが成立すると考えるべきです。

「こっちはメールを送ったのだから」と安心するのではなく、**最悪、相手がそのメールを読んでいないかもしれない可能性を念頭におく**必要があります。

相手からくるはずの返信がない場合は、確認しましょう。メールには目を通しても、うっかり忘れてしまうことも考えられますし、そもそも迷惑フォルダに分類されてしまい、相手が開封していないことも考えられます。

「返信がないな」と思ったときに、「でも、メールしたから大丈夫だろう」「返信をくれないのは相手側の責任」などと思うのは危険です。

このときに念押しや確認のひと手間を惜しむと、「納期までに商品が間に合わない」などの大きなトラブルにつながる可能性があります。とくに急がしいときほど、確認を徹底しましょう。「**念のため、このメールが届きましたら、その旨お知らせください」と確認する一文を添えておくのも効果的**です。

案件によっても差があるかとは思いますが、返事をもらえないと手遅れになる数日前には連絡をするのがいいでしょう。時間が迫っているのであれば、メールではなく、電話で確認することも重要です。

62

×
タイパの低い人
同じ内容を毎回書き直す
○
タイパの高い人
「テンプレート」を活用する

ミスのないように工夫する

メールを作成する時間を短縮するときに便利なのが「**テンプレート**」です。同じ内容の文章を毎回ゼロから書くよりは、テンプレートを使えば効率があがります。

メールでテンプレート化していいのは、絶対に内容を変えない部分だけです。宛先など、人によって書き換える必要がある部分はテンプレート化してはいけません。**書き換える部分については、「●●さま」「■■御中」などとひと目でわかるように工夫して、書き漏れや間違いをなくしましょう。**

イベントの案内メールを例にとると、全員共通のイベント名や日時、開催時間、会場、料金をテンプレート化します。一方で、参加してほしいと思う気持ちを伝える部分は、コピペではなく、そのつどその人の顔を思い浮かべながら書きましょう。

私は「昨年のセミナーで、『次は営業の話が聞きたい』と感想をくださいましたが、今年はまさにそのテーマでお話しします」と添えるなど、カスタマイズした文章を送ります。時間はかかりますが、たった数行、その人向けの文章を書くだけで反応率はぐっと変わります。間近になって、「集客が足りない」と奔走することに比べたら、ひと言添えたメールを送るほうが、結果的にはよほど時間短縮になり効果もあがります。

テンプレート作成は作業、ひと言添えるのは価業です。ビジネスは人と人がやるものですから、目先の効率だけではなく、非効率に見えることも大切にしましょう。

× タイパの低い人

相手に加工・転送を求める文章を送る

←

○ タイパの高い人

転送すればいいだけの文章を送る

「相手の先の相手」まで想像する

相手に手間をかけさせると、仕事をスピーディに進められません。**仕事の速い人は、相手に手間をかけさせないように気を配っている**ものです。手間をかけさせないためには、**相手のその先の相手のことまでを考える**必要があります。

たとえば、あなたが経理担当者で、顧客からの支払いが不足していて、追加で請求を依頼したいことがあるとします。

このときに、経理のあなたが営業担当者に、「顧客に、XX円の追加振込が必要だと伝えていただけますか?」とメールを送ったとします。受け取った営業担当者は、顧客に説明するために、なぜそうなったのかをあなたに聞くなどして詳細を確認しなくてはなりません。そうすると、営業担当者があなたに聞く手間と時間がかかってしまいます。同様のメールを複数の営業担当者に送る場合は、人数分だけ時間を奪っていることになります。

「この文面を、顧客に転送してください」とその理由も書いたメールを送ったら、営業担当者は顧客名などを書き足して、ほぼそのまま転送できます。

仕事は目の前の相手だけではなく、その先の人も考えながら仕事を進めるようにしましょう。そのためには、あなたの仕事を受け取ったときに「その先の人のためになにをするか」まで想像して仕事をすることが大事です。

Column 6

「二度手間」は徹底的に省く

仕事の速い人は、できるだけ「二度手間」を省きます。

同じメールを何度も読み返すことには、それほど大きな価値はありません。一度メールを見たのであれば、その場ですぐに返信して「完了」させるのが理想です。もう一度メールを確認する手間が省けます。

「同じことを何度も繰り返さない」「その場で関連したことをついでにやる」という意識は、とても大切です。

たとえばオフィスで、「ドリンクサーバーでコーヒーを入れたい」「プリントアウトした資料をとりたい」「ゴミを捨てたい」ときに、あなたはどうするでしょうか？

仕事の速い人は、それぞれの動線を考え、どうすれば効率的に済ませられるかを考えます。まず、プリントアウトした資料をとり、それを持って、ドリンクサーバーでコーヒーを入れ、それを待っているあいだに、ゴミを捨てれば、一回の移動の流れのなかですべてを完了させられます。コーヒーを待っているあいだに資料に目を通すこともできるでしょう。

ここではあえて小さな例を紹介しましたが、仕事全般において大切な考え方です。仕事のスピードをあげるためには、「最低限のアクションで、複数のタスクを効率よく完了させる方法」を考えることが必要なのです。

第7章

会議で時間をムダにしない

×

タイパの低い人

「ムダな会議」に参加する

←

○

タイパの高い人

「会議の必要性」を検討する

会議は「やる、やらない」を決める場

会議の最大の目的は、「やるか、やらないか」を決めることです。会議は、価値を生み出す価業ですから、単なる「情報交換」の会議はやめましょう。

まず、資料の数字を担当者別に報告するだけの会議は見直しましょう。売上や達成率などの生データの数字は、イントラネットなどの仕組みで共有できます。

会議で資料を順番に読みあげ報告するプレゼンのみの会議も同じです。読めばわかることのために多くの人が時間をとることに大きな意味はありません。資料に事前に目を通して自分の意見を用意してから会議に参加することで、ムダな時間を省けるし、会議の質もあがります。

会議の時間を機械的に1時間単位で設定するのも考えものです。15分単位で考えて今まで1時間やっていたものを、45分で終わらせられないか、そのためにどのような工夫すればいいかを検討すべきです。

「自分には会議をなくす権限なんてない」と思う人もいるかもしれません。その場合は、「会議の生産性が低い理由はなにか。生産性を高めるためにはどうすればいいか?」を自分なりに整理して、上司たちに提案してみましょう。**権限がないのなら、権限を持つ人に提案すればいい**のです。部下から改善案を提示されて悪く思う上司はほとんどいません。失礼のないように、理にかなった提案すれば、むしろ喜ばれるはずです。

65

×

タイパの低い人

打合せ後にアクションが増える

←

○

タイパの高い人

打合せ後のアクションまで想定しておく

徹底的に事前準備する

「商談や打合せが終わったあとに仕事が増えた」という話を聞くことがあります。そうなってしまうのは事前の備えが甘いからです。

商談でなにを話すかをシミュレーションしておけば、商談もスムースに進み、終わったあともスピーディに行動できます。

私は商談に臨むときに、資料を必ず2〜3部多めに用意していきます。事前に窓口の担当者だけが出席すると確認していても、当日になってその上司や担当役員が出てくる可能性もあるからです。予備の資料を用意していれば、担当者にコピーをとってもらう手間も省けますし、商談後に資料を追加送付する手間もかかりません。

その商談や打合せに、誰が出席してなにを話しそうか、を想像し、複数の選択肢を準備しておく習慣を身につけましょう。

商談後に「宿題」に追われる人は、商談中と終わったあとの両方をシミュレーションして、商談の話の内容と流れ、そこで発生するかもしれない新たなタスクまでを想定しておきましょう。

ちょっとした工夫と努力が積み重ねていくと、「あの人との打合せはいつもスムースだよね」とお客様から認識され、成果につながる可能性も高くなるのです。

66

×タイパの低い人

会議に「なんとなく」参加する

○タイパの高い人

会議のコストとリターンを意識する

会議の成果＝決定に貢献する

会議そのものは、直接的に売上などの成果を生むものではありません。しかし、会議に出席する人たちの時間とコスト（人件費）がかかっています。**仕事の速い人は、会議にかかる時間とコストに見合うリターンを得ることをつねに意識**しています。

リターンとは、目指す成果を指します。たとえば経理の会議であれば「ここから半年で1000万円の経費削減をする」のが最終成果で、「その目標を達成するためになにをするべきかを決める」のが会議の目的です。

「仕事の成果を出す」という最終目的に照らし合わせれば、会議で決定しなくてはいけないことはおのずと決まるはずです。

もしあなたが、会議を招集・進行する立場ではなく、参加する立場だったとしても、「なんとなく」会議に参加していてはいけません。**会議の目的や成果を理解し、「決定をするために、自分はなにを発言すべきか」をつねに意識しましょう。**

「自分がいちばん下のポジションだから」「まだ○年目の若手だから」といって、発言することをためらっていては会議の成果に貢献できません。

意見があったら、年齢や職位はまったく関係なく、その意見を発言するのも「会議の成果のため」です。会議の成果に貢献できる人材になるためにも、会議の目的をしっかり理解しておきましょう。

67

×

タイパの低い人

当日に議題を初めて説明する

○

タイパの高い人

会議の前に議題を共有する

準備不足を解消する

会議の成否は、準備で決まります。仕事が速い人は「会議前」の準備を怠りません。席についてから、「今日の会議は、なにを決めるんだっけ?」「本日お集まりいただいたのは……」と会議の目的を初めて伝えるようでは、議論も浅くなりますし、有益な結論に達するまでに時間がかかってしまいます。

仕事が速い人は、事前に出席者にアジェンダと資料を送ります。アジェンダは数行で書けるはずですから、このメールはほんの数分で終わります。「17日の会議の議題と資料ですのでご確認ください」と目的とその達成のためのアジェンダを箇条書きでメールしておけばいいだけです。

このメールを送っておけば、会議に集まる人たちは、その日までにアジェンダについて考えてきてくれるので、会議本番でスピーディに進行できます。自分が準備することはもちろんですが、相手にも準備してもらうひと工夫をしておきましょう。

× タイパの低い人

会議の場で全部決めようとする

○ タイパの高い人

会議までに話をつめておく

議論の深さは準備で決まる

大切なことなので繰り返しますが、会議は「やるか、やらないか」「やるなら、どうやってやるか？」を決める場です。成果につながる結論を出すために、徹底的に議論することが大事です。

よくあるのが、「くわしくは会議で話すから」などと、事前準備なしで会議に出席させてその場のディスカッションだけで決めてしまおうとすることです。このように、会議に出てから「さあどうする」と考え始めていては、結論を出すまでの議論が長引いてしまいます。

会議の日時が決まったら、議題の共有や、当日の資料を作成し出席者に共有したうえで、「会議前にお目通しをしていただきご準備ください」と伝えておくだけで、参加者は考えをまとめたうえで出席できます。また、キーパーソンに事前にアドバイスをもらっておけば、あなたの会議での発言にも説得力も高められるでしょう。

あなたと反対意見を持つ人が主導権を持っていたとしても、「こちらでできることがありましたら、お知らせください」と会議前に意見を先に聞いておけば、こちらの考えの出しようも変わってきます。

会議は、会議当日だけで行なうものではありません。**議論の質をあげ成果を出すためにも、会議当日までにできることは、徹底的に準備しておきましょう。**

69

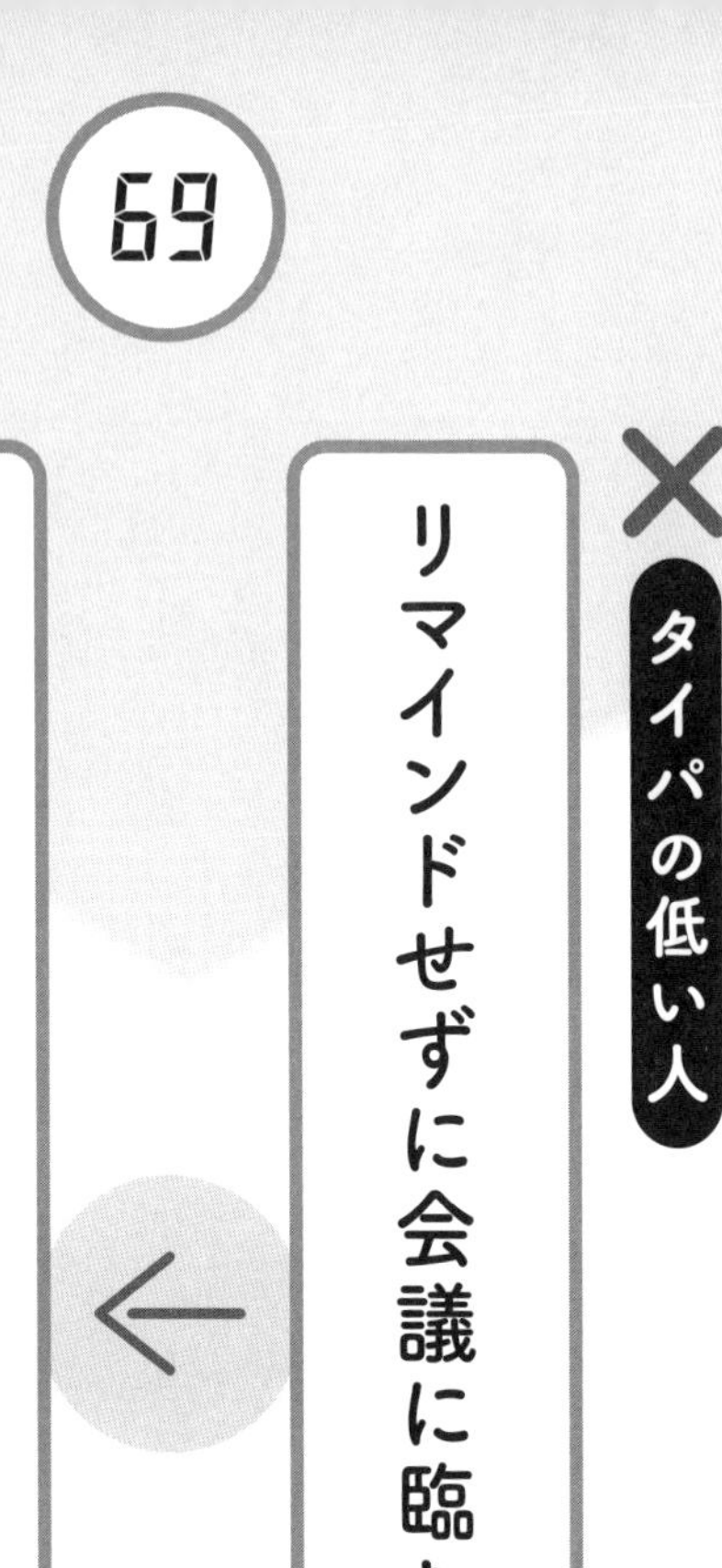
×
タイパの低い人
リマインドせずに会議に臨む
○
タイパの高い人
数日前にリマインドする

失念・勘違いは誰にでもある

どんなにしっかりした人でも、人間ですから、ときには打合せの日程を失念したり勘違いしたりする可能性があります。そのリスクを少しでも減らすために、前述した**会議のアジェンダを事前に送るさいに、リマインドするのがスマート**です。

私も過去に、リマインドメールをもらって命拾いをしたことがあります。

ある経営者の方から「マーケティングのテーマで講演してほしい」と依頼されたことがありました。日程もスムースに決まり、用意した短縮版のスライドを2日前の夜にもう一度確認して準備万端で寝ました。

しかしなにを勘違いしたのか、私は「時間術」のテーマで用意をしていたのです。前日の朝、先方からのリマインドメールで式次第を見直したら、なんと、講演テーマが「マーケティング」となっていることに気づきました。

あわてて資料をつくり直して事なきを得ましたが、あのときメールを見ていなかったらと思うとぞっとします。「マーケティング」について聞きたいと思ってきてくれた方々に「時間術」の話をしてしまうところだったのです。主催者の方の細やかな心づかいに助けていただきました。

失念や勘違いのリスクを減らすためにもリマインドメールを習慣にしましょう。

×
タイパの低い人

オンライン会議のURLは1回だけ送る

←

○
タイパの高い人

リマインド時にURLを再送する

少しの手間を惜しまない

Ｚｏｏｍなどのオンライン打合せのときに「あれ、今日のＵＲＬってどれだっけ？」と直前に過去のメールを探した経験はありませんか？　これは商談や会議の相手も同じことです。相手が忘れていたり、時間を勘違いしたりしていないかを確認するためにも、直前に、ＵＲＬもリマインドしておくのがおすすめです。とくに、2、3週間以上前に、日時を設定した場合は必ずリマインドしたいところです。

リマインドメールには、日時・場所・目的・話したいことなども再度ＵＲＬを明記すれば、「おっ、忘れていたよ。この人、気がきくな」「検索しなくていいように、気をつかってくれたんだな」とあなたの付加価値にもつながります。

オンラインＵＲＬについては、日程調整をしたときに相手先と共有しているかもしれませんが、この**リマインドはけっして「不要な二度手間」ではない**のです。

相手にメールを検索させるのは手間ですし、電話やメールでやりとりして「もう一回ＵＲＬを送ります」などとやりとりしていると、5分や10分がすぐに経ってしまいます。打合せ時間が短くなったせいで、こちらが望んでいる目的を達成できないことにもなりかねません。

リマインドのひと手間が、相手のためにも、自分のためにもなるのです。手間を惜しまずにリマインドしておきましょう。

71

×タイパの低い人

相手が覚えている前提で話す

○タイパの高い人

前回の会議を「レビュー」する

冒頭のひと言で会議の質が高まる

会議中に質問をされて、「あれ？　それは前回も説明したはずなのに……」などと思うことはありませんか？　**会議の冒頭で「レビュー」しておけば、二重に説明するというムダな時間をなくせます。**

自分たちにとっては重要な案件で明確に説明したつもりでも、相手にとっても同じように重要とはかぎりません。前回の会議で決定したことや説明したことを忘れている可能性もあります。ましてや、相手が月に何十本も案件を走らせている社長だったとしたら、あなたがどこの誰かすら忘れられている可能性もあります。

「前回はここまで議論したので、今回はそれを前提に議論を深めましょう」と、会議の冒頭でひと言伝えるだけで、その会議の質が高まります。会議では同席者が共通の認識を持っていることが重要です。このレビューでしっかり確認しておけば、万が一、この共通認識にズレがあったとしても、会議の最初の段階で対処できます。

このレビューは、大学の授業や企業研修での連続講座でも有効です。「先週の講義はここまで進んだので、今週はこの議題をディスカッションしましょう」などと伝えると、それをしないときに比べて受講者たちの理解が深まっているのに気づきます。

会議もコミュニケーションの手段のひとつです。レビューをして前提条件をしっかり整理・確認したうえで、議論を進めていきましょう。

×タイパの低い人

感情・主観だけで議論する

○タイパの高い人

ロジックを入れて対話する

好き嫌いと成果は関係ない

「会議に時間がかかるな」と感じている人も多いのではないでしょうか? **会議の目的は、「やるか、やらないか」などを決めることです。**会議が時間どおりに終わらずに延びてしまう理由のひとつは、感情や思い込みなどの主観で話しているからです。

あなたが広告のデザイン案について、関係者と「どの方向性でいくのか」を決める会議に参加するとします。このときに避けるべきは、「私はA案が好きです」などの自分の主観で話を進めることです。あなたの好みは広告の成果に関係ないですし、そこから「いや、ボクはBのほうが好きかな」などと好き嫌いの議論になってしまいます。

このようなケースでは、「私はこう思う。なぜなら……」と自分の意見とそう思う根拠をセットで話すといいでしょう。たとえば、「A案がいいと思います。ターゲット層は、20代後半の女性で、都内在住、健康志向で、環境に優しいものに興味がある人です。調査でもターゲット層はA案に最も好感を感じるという結果が出ています」という具合です。これにより「ターゲットがどの表現に響くか?」というテーマをベースに望む結果に向けた議論を進められます。

もちろん主観は大事ですが、**ものごとを決めるには「正しく状況を把握すること」と「客観的に把握すること」が大事**です。そのために「実際お客様が感じていること」「プロセスや成果」など、**事実と数字で議論**できるように話を進めていきましょう。

73
×
タイパの低い人
「自分のいいたいこと」を伝える
○
タイパの高い人
「質問」に先に答る

相手が「聞きたいこと」を優先する

会議が長引いてしまう理由のひとつは、対話が成立していないからです。ドラッカーは、『マネジメント』（ダイヤモンド社）で、「コミュニケーションは聞き手が理解して初めて成立する」と指摘しています。「相手が聞きたいこと」に答えましょう。

一度、自分がオブザーバーになったつもりで、会議を客観的に見てみてください。相手の質問にきちんと答えている人が少ないことに驚くはずです。質問に答えられないのは、発言者が「自分が正しいこと」を主張し、望む方向に議論をリードしたいがために、「相手が聞きたいこと」よりも「自分の言いたいこと」を話してしまうからです。これでは、対話になりませんから、会議が長くなってしまうのも当然です。

聞かれたことに答えるコツは、**「ご質問に先にお答えすると」を口ぐせにする**ことです。こうすれば、背景や前提よりも先に結論を話すことができます。

また、相手の質問の意図を、勝手に解釈して話し始めてしまう場面も見かけます。**質問の意図がよくわからないときには、「○○についてのご質問でよろしいでしょうか？」と確認**すればいいのです。確認することは、失礼でもなんでもありません。

日本では、言葉の背景にある意図を汲み取ることが優秀とされる傾向にありますが、間違っていては元も子もないことです。**自分の言いたいことよりも、相手が聞きたいことを優先**しましょう。

× タイパの低い人

会議をするだけで議事録を残さない

←

○ タイパの高い人

A4一枚に議事録をまとめる

A4一枚に要点をまとめる

会議をしたら、必ず議事録を残しましょう。一言一句正確に書いたり、だらだらと長く書いたりする必要はありません。**あとで見返すときにポイントがわかりやすいように、Ａ４一枚に端的にまとめましょう。**

議事録を残すのには3つの目的があります。

ひとつめは、あいまいな部分を明確にして共通認識を持つためです。

2つめは、会議で決まったアクションプランを確認するためです。

3つめは、参加者以外の人にも共有するためです。

私の場合、コンサルティングするクライアント会社との会議の議事録は、フォーマットをこちらで用意します。そのうえで「最初の2回はこちらで記入するので、3回めからは御社で記入してください」とお願いします。

議事録は、各社にフォーマットがあるかもしれませんが、必要になるのは、次の5点でしょう。①会議の日時、場所、②参加者の名前、③決定事項（箇条書き）、④アクションプラン、⑤次回の日程、です。そのあとの振り返りやすさも考えて、議事録はＡ４一枚におさめます。

具体的なポイントについては次項で見ていきましょう。

タイパの低い人

一言一句議事録を書く

タイパの高い人

重要なポイントをまとめる

アクションプランが一番大事

前項に続いて、議事録の書き方について紹介します。

①**会議の日時**は、かかった時間まで書くことが大事です。ふだんは2時間で終わっているのに、2時間半かかっているとしたら、それはコストが増えてしまっているわけですから、次回の反省の対象になります。

②**参加者の名前**は、誰が参加していたかを書きます。場合によっては、別の人を呼んだり、参加者の見直しを検討する場面もあるでしょう。

③**決定事項**は、議題にそって、それぞれ項目ごとに決定したことを書きましょう。大事なのは、事実のみを完結に箇条書きにすること。議事録ですから、文章にする必要はありません。ひとつの議題につき、3〜4程度の箇条書きでおさまるはずです。

たとえば「営業行動計画書を変更する」などであれば、実際に変更した内容をすべて議事録に書くと膨大になってしまうので、この場合の計画書は、添付でつけるなどの工夫をしましょう。議事録はあくまでA4一枚でおさめます。

いちばん大事なのは、④**アクションプラン**です。「誰が」「いつまでに」「なにをするか」を明確にして書きましょう。

⑤**次回の日程**は、その場で決めるのがよいでしょう。締め切りにもなりますし、日程調整の手間が省けます。

76

×
タイパの低い人

議事録に何日もかける

○
タイパの高い人

議事録はその日のうちに共有する

共有は熱の冷めないうちに

会議の議事録を共有するタイミングは、早ければ早いほど喜ばれます。

議事録は、会議中に発言を聞きながらその場でパソコンに打ち込んでいくのがいいでしょう。会議が終わったら、整理に時間がかかったとしても、数十分で作業は終わるはずです。**どんなに遅くても、その日のうちに提出する**ことを心がけましょう。

余白が多く残ったからといって、無理に埋める必要はありません。もし議事録づくりに時間がかかってしまうのであれば、そもそも「会議はなんのためにするのか」「議事録はなんのためにとるのか」という本来の目的に立ち返りましょう。

議事録づくりそのものは「作業」です。詳細な議事録をつくることに時間をかけるよりも、あまり時間をかけずに、端的でわかりやすい議事録をつくるように意識しましょう。議事録づくりよりも、そのあとのアクションに力を注ぎ、「成果」を出すことが価業なのです。

×

タイパの低い人

あいまいなことをそのままにする

←

○

タイパの高い人

あいまいなことはその場で確認する

決定事項は具体的に記録する

議事録をとっていると、会議ではあいまいな言葉で話が進んでいることに気づくはずです。**もし、「誰が、いつまでに、なにをやるのか？」の決定事項が不明瞭だと感じるのであればそのつど確認しましょう。**確認を怠ると、のちのち「自分がやるとは思わなかった」「誰もやっていなかった」などの事故につながります。

あいまいなことを、あいまいなままにしておくと、仕事もあいまいなままで終わります。あいまい、とは抽象的なことを指します。その逆はいうまでもなく具体的で、たとえば「人の名前や肩書き」「数字」「タスク＝やるべきこと」を指します。

「誰がやるか？」が不明確な場合は、議事録を書いている人が「それは○○さんが△△するということでいいですか？」と質問するのが有効です。議事録を書く人には「正確に書き残す義務」があるので、その確認を不快に思う人はいないはずです。

議事録はその日のうちに送ると言いましたが、議事録を受け取った場合も、その日のうちに確認しましょう。記憶が新しいうちに見返して、齟齬がないかの確認をします。もし、認識と違うことが書かれていたら、すぐに連絡して確認しましょう。

なお、社外の人と打合せをしたあとにも、議事録の簡易版として、アクションプランをメールで送っておくのが効果的です。

78

×

タイパの低い人

持ち帰って検討する

←

○

タイパの高い人

事前に部分的に権限移譲してもらう

できるだけ「その場」で決める

仕事が速い人は、会議の場でできるだけ「決定」します。「一度持ち帰って社で検討します」などと言っていては、仕事のスピード感をそぐことにつながるからです。

こうしたことをなくすためには「先読み」して会議に臨むことが大事です。どのような議題が、どのように議論されるか、相手からどのような質問が出るか、こちらにどのような仕事を求められるかなどを先読みしていれば、想定される顧客からの質問に対して事前に上司に相談し準備しておくことができます。

場合によっては、**「ここまでなら、話し合いのなかで決めてもよい」という裁量権を上司からもらうのも有効**です。その場で判断できれば、次の会議まで返事をのばす人よりも、1週間早くその仕事にとりかかることができます。

先読みしきれなかったことでも、上司（責任者）にその場で電話をかけて判断をあおげるようなら、そうしましょう。重要な決断をする必要がある場合は「その時間に電話で確認するかもしれない」と上司に事前に伝えておくと、よりよいでしょう。

私がコンサルティングをしている経営者の方々は一様に、とても行動が速い人ばかりです。会議で対応法の可否が議論になった場合、その場で関係者に電話をかけて、対応できるかどうかをすぐ確認します。タスクが滞（とどこお）ることがないので、次々案件が進んで、結果的に業務の改善スピードも速くなっています。

×タイパの低い人

ズレを理解せずに持ち帰る

○タイパの高い人

課題や方向性を明確にする

「どう持ち帰るか？」が大切

もちろん、ビジネスの現場では、すぐに結論が出ることばかりではありません。たとえば、広告キャンペーンに使うポスターをつくるようなときなどは、必ずしも一度でデザインやキャッチコピーがビシっと決まるわけではありません。どんなに力を入れてディレクションしたとしても、クライアントや上司が思っていたイメージと違ったから修正してほしい、ということもあります。

広告クリエイティブのアイディアを練り直すのには時間がかかるので、会議の時間内で「もうひと案出してください」というわけにはいきません。このような場合は「一度持ち帰る」ことになるでしょう。

ただし、そのようなケースでも、**仕事が速い人は、きちんと「修正の方向性」をすり合わせてから持ち帰ります。**「どこがイメージと違ったのか」を共有してから持ち帰るのです。そもそも「ターゲットの理解がずれているのか」、もしくは「ポスターの訴求ポイントがずれているのか」など、どこに修正のポイントがあるかを把握しないまま帰ってしまうと、次もまたずれた提案をしてしまう可能性があるからです。

クライアントが求めていることに対する理解度が高ければ高いほど、次の提案のクオリティがあがるはずです。「ずれていることがなにか」を明確にしたうえで持ち帰るようにしましょう。結果的にその先の時間を短縮することにつながります。

× タイパの低い人

打合せ後、すぐに行動しない

○ タイパの高い人

打合せ後、すぐに行動する

決定アクションはすぐやる

「会議そのもの」や「立てたアクションプラン」に価値があるのではなく、「アクションプラン」を実行することに価値があります。

会議後に、決めたアクションを実行せずにほったらかしにしていたり、アクションを実行するのが遅かったりすると、関係者から不信感を持たれてしまいます。

仕事の速い人は、会議で決定したことは、すぐに着手します。

たとえば、「あとで資料をお送りします」と言ったら、会議が終わったあとにすぐに共有します。言ったことを〝すぐに〟行動する姿勢が、周囲の人の期待値を上回り、信頼につながります。

会議の目的は「仕事の成果をあげるためになにをすべきかを決めること」です。会議で決めたことを、すぐにアクションしないのでは、会議をした意味もありません。

会議で決定したアクションプランは、人件費と時間というコストを投じて合意したことへのリターンです。ですので、実行しないまま放置しておくという選択肢はそもそもありません。もし、「納得できない」「アクションプランが明確になっていない」と感じる場合は、会議の進め方や決定の方法に問題があるので見直しましょう。

会議で決めた〝アクションすべきこと〟を確認して、すぐやること、そして、期日までに余裕を持ったスケジュールの見通しを立てることをおすすめします。

Column 7

「ホワイトボード」を味方にする

仕事の速い人は、会議でホワイトボードを使うのが上手です。どのように使っているのでしょうか？

まず、会議が始まるときに、ホワイトボードに会議の要点である、「会議の予定時間」「目的」「おもな議題」の３つを書いておきます。そうすれば、本筋から議論がはずれても、「今日の目的はアクションプランの決定なので、また別の機会にお話をしましょう」ともとに戻しやすくなります。

会議が始まって、参加者がそれぞれの意見や見解をぶつけあっていると、根本のところにズレがあるケースがあります。このズレの正体を、ホワイトボードを使って可視化し、解消するための方法を探ることができます。

「ホワイトボードで整理してみましょうか？」とひと言ことわって、マトリクスやフロー図などを使って整理すれば、認識のギャップを埋めることもできます。

なお、少人数の打合せで、部屋にホワイトボードがないときには、同じ要領でノートを使うのもおすすめです。少しでもわかりづらいことにあたったら、なにかに書いてみて共有することで打開していきます。

ホワイトボードやノートをスマホのカメラで撮影すれば、議事録代わりにもなって便利です。

第8章

スピーディに資料を作成する

×

タイパの低い人

パワポを開いてから考える

←

○

タイパの高い人

パワポを開く前に全体の設計を考える

「全体→詳細」でスピードアップ

資料を作成するとき、パソコンでいきなり作業を始めていませんか？

仕事が速い人は、パソコンを開く前にまず、全体の設計図を考えます。全体を見渡してから、詳細をつめていくほうが、わかりやすい資料をスピーディに作成できてタイパが高いことを知っているからです。

私が資料や戦略提案書やマーケティングの企画書をつくるときには、ペンとA4一枚の裏紙を使います。もちろん、iPadとApple Pencilを使うのもいいでしょう。

まず、その資料をつくる目的、提案、課題、予算などをペンで書き出し、論理展開、必要なビジュアルやデータなど、イメージグラフを書き出します。こうして、パワーポイントを開く前に、まず全体の設計をして最終のアウトプットを決めます。

アウトプットのイメージが明確に固まったら、パワーポイントを立ちあげて打ち込んでいきます。イメージをしっかり固めているので、大きなポイントで悩むことはなく、あとは手を動かすだけです。

このように資料作成を進めれば、資料になにを載せるかという「頭で考える価業」と、パソコンに打ち込むという「手を動かす作業」を分けられます。資料作成に時間がかかってしまうのは、作業と価業をいったりきたりしているからです。**アウトプットを固めてから手を動かせば、おのずとスピードはあがります。**

×タイパの低い人

最初から100％の完成度を目指す

○タイパの高い人

まずは67％のドラフトを見せる

「方向性のズレ」は早めになくす

資料を作成するときに、決裁者や上司から「一発ＯＫ」をもらえる１００％の資料をつくろうとすると、どうしても時間がかかってしまいます。資料をもとにスタートする仕事での成果を最大化するためにも、時間を短縮できるにこしたことはありません。

上司から修正の指示を受けることを嫌がる人が多いようですが、自分１人では気づくことができない視点を上司からもらえるのですから、むしろ歓迎すべきです。指摘されているのは、自分の能力の足りない部分ではなく、資料としての足りない部分だととらえて差し支えないでしょう。

資料での修正指示をなくすための秘訣は、完成度67％のたたき台、いわゆるドラフトを、修正可能な日数を計算したうえで見せることです。

67％のドラフトとは、「いい加減な資料」「分量が67％」ということではなく、「上司が骨格を把握できる状態の資料」だということです。

たとえばマーケティング企画の提案書であれば、「どんな人に、どんなアプローチで、どのぐらいの予算を使って、どのぐらいの効果が期待できるか」などの要旨を箇条書きでまとめて上司に見せれば、上司が判断するための骨格を提示できます。この段階であれば、方向性が大きくズレていたとしても、すぐに修正できるでしょう。

まずは67％のドラフトを見せて、方向性に大きなズレがないかを確認しましょう。

83

×タイパの低い人

修正指示の可能性を意識しない

○タイパの高い人

修正指示の可能性もふまえて動く

修正できるタイミングで見せる

「67%のドラフトを見せたから、修正指示はないだろう」と考えるのは早計です。あくまで「ドラフト」「ベータ版」であり「完成版」ではありません。**「完成版」を上司に見せるときにも、修正指示を反映できるタイミングにしましょう。**

ドラフトで一度確認しているので、大きな方向性について修正指示が入ることはないはずです。ただし、詳細の部分については、上司のイメージや期待値とギャップがあることもあるので、修正指示を受けることもあるでしょう。その修正指示は、「組織として顧客に価値を提供する」という目的を達成するために必要なものですから、当然反映する必要があります。**修正できるタイミングで完成版を上司に見せましょう。**

この**修正指示については、理由を確認・検証しておく必要もあります。**たとえば、「上司がいいアイディアを思いついて新たな指示が入った」「ドラフトの骨格を、根拠になるデータを具体的に示したほうがよかった」などと理由がわかれば、自分の資料作成の進め方をブラッシュアップできます。今後は、上司の判断の傾向を踏まえて、対策を立てることもできます。

資料は、「対上司」をイメージしがちですが、資料の先には、顧客をはじめとする関係者がいるはずです。その関係者に価値を提供して、成果を生み出すことが目的であることを忘れてはなりません。視野がせまくならないように気をつけましょう。

04

× タイパの低い人

「オリジナリティ」にこだわりすぎる

○ タイパの高い人

決裁者の「決めやすさ」を優先する

論理展開などの「型」を知る

企画書など、決裁承認を得るための資料の作成に時間がかかっていませんか？「企画」そのものは、成果を出すための一連のプロセスのなかでも重要度の高い価業です。一方で、「企画書」は企画を動かす決裁を得るための手段にすぎません。企画書をつくるうえでのカギは、オリジナリティを発揮することだけではなく、**決裁承認の判断基準をつかむ**ことです。

たとえば、販促プランを企画書にまとめるときには、まず自分が進めようとしている企画と、クライアントの業界や予算規模など近い要素のあるものに注目し、これまで上司や先輩たちの書いた企画書のなかから参考となる前例を探します。これは、社内決裁を得て予算を引き出すための「型」を把握するためです。**企画書の論理展開や、決裁者の判断基準、文章やビジュアルのトーンなどの「型」を確認する**のです。

その「型」を、自分が進めようとしている企画にあてはめて、どう利用すればいいかを考えます。そのうえで企画のオリジナリティを表現することを考えるのです。こうすれば、決裁者が判断するのに必要な情報が抜け漏れなくそろえられるでしょう。

仕事の速い人は、企画書などのクリエイティブで自由度の高い資料であっても、うまく「型」をベースにして、それを応用して、企画書をすんなり通しているのです。なかなか企画書で決裁の承認を得られない人は、ぜひ「型」を意識してみてください。

85

タイパの低い人
見にくくて、わかりにくい
タイパの高い人
見やすくて、わかりやすい

結論・論理・フォントなどを工夫する

仕事の速い人は、「見やすくて、わかりやすい資料」をつくります。この2つがそろうと、読む相手が要点を理解しやすくなり、意思決定を引き出しやすくなるので、そのあとのアクションをスピーディに進めやすくなります。

逆に「見にくくて、わかりにくい資料」はどのようなものでしょうか？　たとえば、文字が細かくてぎっしりつめこまれて読む気にならないもの。文字のフォントが統一されていなくて見づらいもの。自分だけがわかるカタカナ言葉や業界用語で説明してしまっているもの。検討するための論理が弱く、データが足りないもの……。自分が読み手になってみるとわかりますよね。まだまだありそうですが、読み手の立場から考えるだけで、どんな資料が読みにくいかが想像しやすくなるはずです。

自分が「この資料読みにくいな」と感じたら、「なぜ読みにくいのか、どうすれば読みやすくなるのか」を考えるようすれば、読みやすくするスキルはさらに上達します。「見やすくて、わかりやすい資料」は、結論から先に述べられていて詳細の目次があったり、文字だけではなく図解で視覚的に理解しやすい工夫がされていたり、いちばん大事な数字がいちばん見やすく配置されていたりします。

資料をつくる目的は、意思決定やアクションを引き出すことです。この本来の目的を見失わないように「見やすくて、わかりやすい資料」を作成してください。

×

タイパの低い人

文字ばかりの資料をつくる

←

○

タイパの高い人

図・グラフも活用する

視覚に訴えてわかりやすく

資料は文字（テキスト）だけではなく、**図やグラフ（ビジュアル）も活用したほうが、わかりやすく、スピーディに伝わる**ようになります。

まず使いこなしてもらいたいのが「**矢印**」です。「AだからBである」という因果関係を説明するときに、「A↓B」と↓で表現すれば視覚的にも理解してもらいやすくなります。AとBが対立（反対）の概念のときには「A↕B」で結ぶのも効果的でしょう。

「**フロー図**」も便利です。フロー図は文字どおり流れを図で表現するものであり、時間の流れや顧客の行動の流れなどを表現できます。

「**マトリクス**」は、2×2の4象限に分けて整理できます。全体を抜け漏れなく網羅し、分類することができます。

資料に図やグラフがあると、目に飛び込んでくるので、読み手の気分を変えて注意をひいてくれます。有効に使うことを意識しましょう。

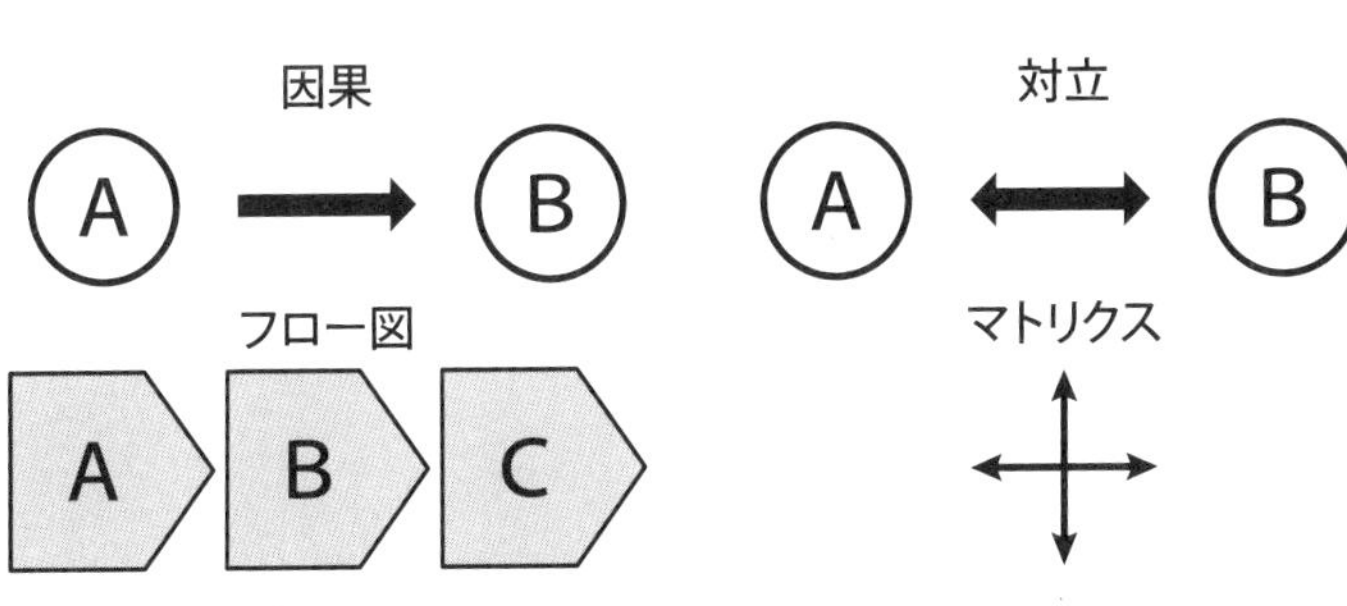

✕ タイパの低い人

資料を使いっぱなしで終わりにする

○ タイパの高い人

資料に修正をくわえ次に生かす

「永遠のベータ版」と考え改善する

仕事の速い人は、資料を「一度使って終わり」にはしません。

マーケティングの世界では、顧客を「満足」させることだけでは不十分で、顧客の期待を超える「感動」を提供することが、競争優位の源泉につながると考えます。そのひとつがＩＴ業界で使われる「**永遠のベータ版**」という考え方です。長い目で見れば本当の意味での完成品はなく、改善を繰り返し、顧客によりよい体験を提供し続けるという意味です。試作版、アルファ版、ベータ版と続き最終形で終わりではなく、製品終了まで改善を続けるので「永遠のベータ版」と呼ばれるのです。

これは、資料作成にも当てはまります。**一度つくった資料でも、次に使う機会により大きな満足や感動を提供できるかを意識する**といいでしょう。

私は講演ごとにプレゼン資料をつくります。テーマが同じであっても、過去に使ったスライドをもとに、毎回受講対象者に合わせて事例をくわえるなど調整をします。毎回対象者のニーズに合わせて、ブラッシュアップして講演に臨むのです。

たとえば、「このあいだ、このスライドに対して質問が出たから、もう少していねいに説明するために、もうひとつデータをくわえよう」といった具合です。

その時点でのベストを尽くして資料を作成しながらも、「永遠のベータ版」と考え、改善を繰り返すことで、期待を超える感動につなげていくことができるのです。

88

×

タイパの低い人

ぶっつけ本番で資料を使う

←

○

タイパの高い人

事前に「リハーサル」する

「使いやすさ」もチェックする

資料をもとに説明やプレゼンをするのであれば、ぶっつけ本番でその資料でプレゼンをするのはやめましょう。**事前にロールプレイングやリハーサルをしておくと、資料の「使いやすさ」をチェックでき、こなれたプレゼンができる**ようになります。

私も営業研修で、社員の方々によるロープレを取り入れます。営業役と顧客役に分かれて、実際の商談のように擬似的なやりとりをしてもらいます。口に出して説明して初めて、スライドの順番を変えたほうがいいとか、データがもっとあるほうがいいな、と気づくからです。ポイントは、**顧客役を新人や他部署の人などくわしくない人にやってもらい、気づかなかったわかりにくい点を指摘してもらう**ことにあります。

大事な案件をプレゼンするときには、念入りにリハーサルしましょう。大事であればあるほど、プレゼンするときにも緊張するものです。事前にリハーサルすることで、資料のブラッシュアップはもちろん、よりキャッチーな言葉が見つかることもあります。なにより、事前に間違えそうなところが認識できて、気分が落ち着きます。このときには、実際にスライドを投影させ動かしながら話すとさらに効果的でしょう。まるで口が記憶しているかのように動き、スムースに言葉が出てくるようになります。

プレゼン後の想定問答集をつくり、そこから逆算するのも、よい資料をつくるための近道です。ロールプレイングやリハーサルなどの事前準備を充実させましょう。

Column 8

分厚い資料には「エグゼクティブサマリー」を

試行錯誤して完成させた資料だからといって、忙しい相手にじっくり読んでもらえるわけではありません。自分の伝えたいことを相手に伝えるためにも、「わかりやすい資料」をつくることが求められます。

そこで、参考にしてほしいのが、外資系企業で分厚い資料に添付される「エグゼクティブサマリー」です。

エグゼクティブサマリーは、ひと言でいうと全体の要約です。決裁権を持つエグゼクティブ（経営幹部）向けに、何十枚にも渡る事業計画書のサマリー（要点）を説明したＡ４一枚程度の資料のことです。

これを見れば、多忙を極めるエグゼクティブたちが、資料の詳細まで目を通さなくても、短時間でポイントがつかめます。このサマリーを見て、資料の詳細に目を通すかどうかを判断します。なかには、このサマリーだけで、「やるか、やらないか」「いくら投資するか」の意思決定を下し、指示を出すことも少なくありません。

A4一枚程度におさめようとすると、「結論ファースト」はもちろん、その論拠や数字（データ）を箇条書きで示すなど、わかりやすく説明する工夫が求められます。

相手がエグゼクティブでなくても、短い時間で要点を伝えることがとても大切です。

第9章

「作業効率」をあげる

×タイパの低い人

感情に振り回されて生産性がさがる

○タイパの高い人

感情を切り替えて生産性をあげる

自分なりの方法で切り替える

仕事を速く進めるには、感情も大切な要素です。ポジティブな感情は生産性があがるきっかけになります。一方、怒り、不安、焦りなどのネガティブな感情は生産性をさげます。その**対処法をいくつか準備しておく**といいでしょう。

シンプルなことでいえば、私は気分転換にコーヒーを淹れます。香りが心地よく、気分を切り替えやすくなります。ハンドドリップでコーヒーを淹れるのも、自分のペースを取り戻せるのでおすすめです。リモートのときにでも試してみてください。

コツは〝のめり込まない〟方法で気分転換することです。SNSで気分を変えようとすると、だらだら続けてしまったり、よけいなことが気になったりしますよね。

私の知人は、メールでイラッとしたときには、誤送信しないように返信アドレスを消して、自分が思ったことを吐き出すように書き出すそうです。そして、ネガティブな感情や言わなくていい部分を削除していきます。すると、感情も一緒にリセットできて、必要な部分だけが残り、冷静に対処できるので効果的だと言っていました。

夜に届いた「ややこしいメール」は、すぐに返さずに一晩寝かすのがおすすめです。夜は感情的になってしまいやすいからです。

ネガティブな感情を持つのは仕方のないことですが、ビジネスで表に出す必要はありません。**自分なりの方法ですぐに切り替えられるようにしましょう。**

90

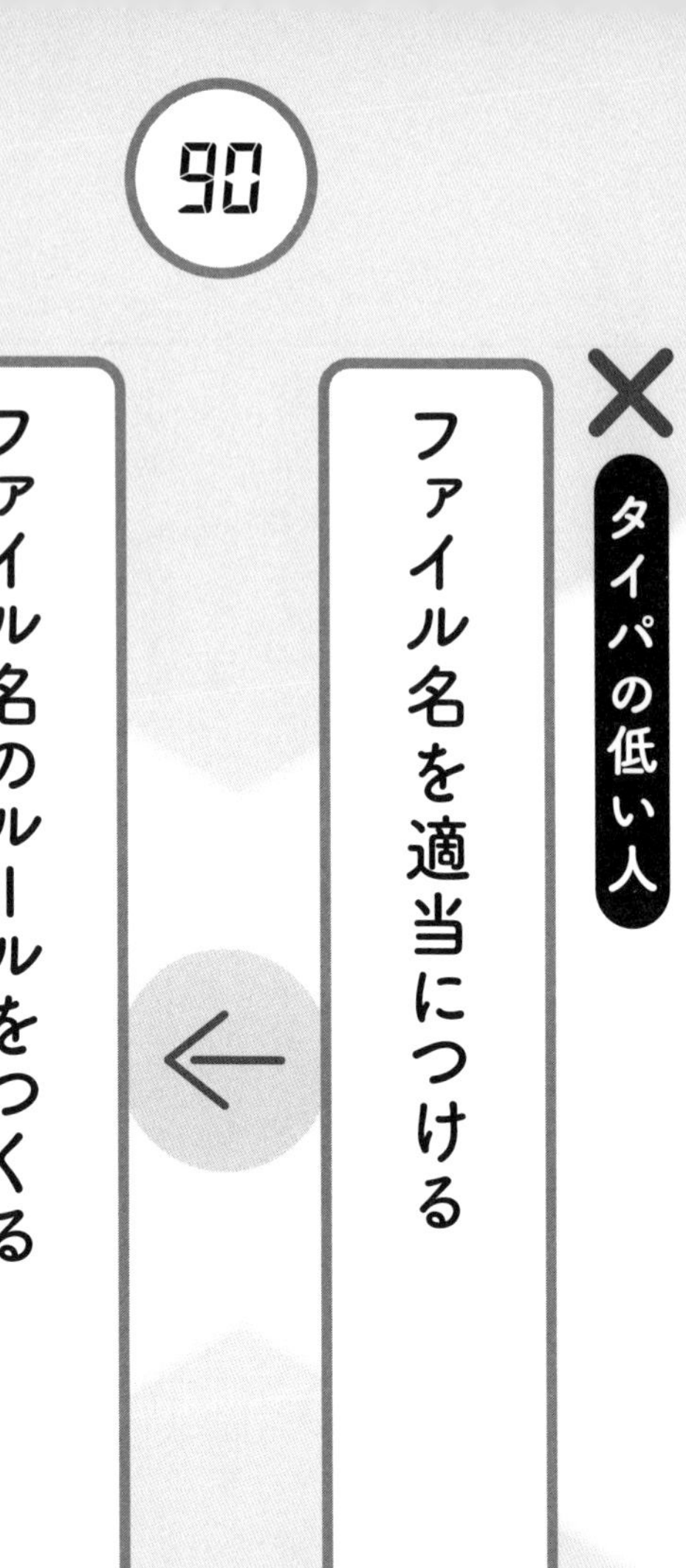
×
タイパの低い人
ファイル名を適当につける
○
タイパの高い人
ファイル名のルールをつくる

データ探しに時間をかけない

パソコンで、使いたいファイルを探すのに何分もかかったことはありませんか？目視でデータを探さなければならないのは、時間のムダです。

私のパソコンのデスクトップには、ほとんどなにも置いていません。必要なデータはすべてセキュリティを施したうえで、クラウドに保存してあります。デスクトップにフォルダがあるとパソコンが重くなり操作に時間がかかるので、デスクトップを整理しておくことも、結果的には時間を短縮することにつながります。

ファイルやフォルダを検索しやすくするためには、**ファイル名のつけ方も工夫**しておきましょう。ただ、「○○資料」などと名前を適当につけるのではなく、日付とセットで名前をつけておくと、あとで検索しやすくなります。

たとえば2023年4月12日の会議に使った資料であれば、「**230412_○○資料**」などとしておけば、会議の日程と資料名の両方から検索できます。

さらに、資料をつくった時系列がファイル名だけで一目瞭然なので、新しい資料と古い資料を混同するようなミスも防げます。同じ日に何度もやりとりしたり更新したりする人は、時系列にくわえて、「ver1.0」などとバージョンを明記すればよいでしょう。

×
タイパの低い人

PCでしか作業しない

←

○
タイパの高い人

スマホ・タブレットでも作業する

いまは「どこでもオフィス」

コロナ禍でのリモートワークの浸透もあって、スマホやタブレットなどのモバイルデバイスを支給する会社も増えています。**場所と時間を選ばずに仕事ができるモバイルツールを活用しない手はない**でしょう。パソコンだけで作業すると決め込むのはもったいないことです。

私の場合は、「**シンプルに対応できるかどうか**」を基準にどのデバイスを使うかを決めています。たとえば、メールやチャットへのかんたんな返信や確認だけでいい資料の確認は、スマホやタブレットでその場で完了させます。モバイルツールでできる仕事をすぐにやれば、「帰ってからメールを再度開く」という手間が省けますし、会社に戻る、カフェを探すといった「場所を確保する」までの時間もセーブできます。

また、「**キーボードを使うかどうか**」も基準にしてデバイスを選びます。同じ資料添付のメールでも、ダウンロードしなければならない、保存したいときには一度メールを開いてもパソコンで再度作業します。また、外出先や移動中で、スマホのフリック入力だけではこちらの意図が伝わらなさそうな場面、たとえば込み入ったお願い事や、失礼があったときの謝罪などのように、機微が求められる場面も、じっくりとパソコンに向かいます。

自分にとって使いやすいデバイス・アプリを選ぶのが生産性アップのコツです。

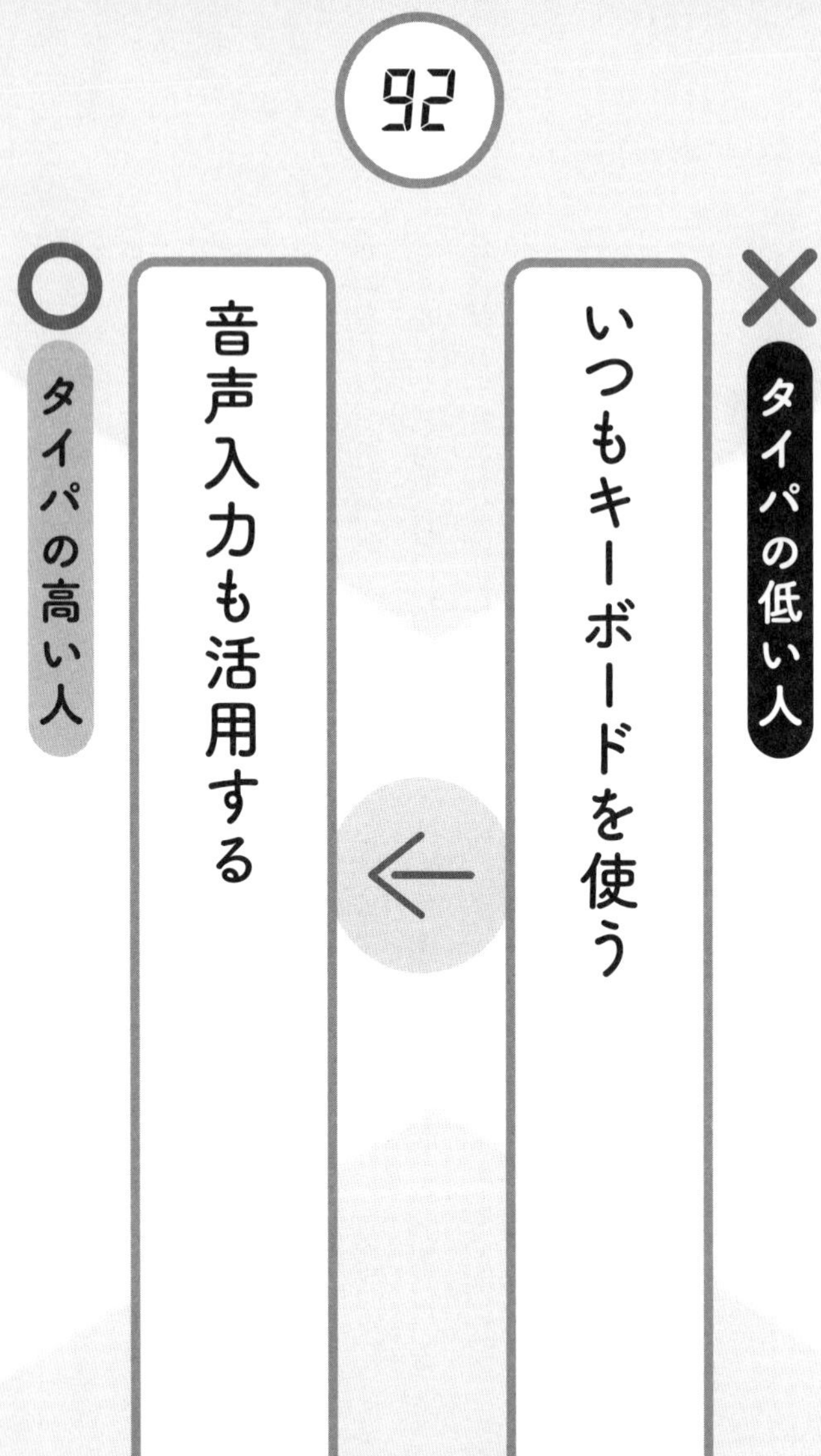
92
×
タイパの低い人
いつもキーボードを使う
○
タイパの高い人
音声入力も活用する

自分の考えをかんたんに言語化

ＡＩの加速度的な進化もあって、スマホやパソコンの音声入力機能が驚くほど発達しています。使ったことがない人や以前使ってみたけれどうまくできずに失望した人はスマホで試してみると、**音声入力の精度がかなり高い**ことに驚くはずです。

私は、**ブログや寄稿記事の執筆**など、自分の考えを言語化する仕事のときに、音声入力を使っています。Ａ４コピー用紙の裏などに、メモしてある本やネットから得た情報や、気づきをつなぎ合わせて、大まかなコンセプトとなにをどの順序で書くかをイメージします。そして、頭の中にある文章を、パソコンでのキーボード入力ではなく、スマホの音声入力を使ってスマホのメモアプリに書き出します。そのあとに、パソコンに向かって、追記や修正をしつつ推敲します。以前よりも正確に音声が文章化されるので、この作業もかなりラクになりました。

音声入力機能を**モヤモヤの解消**に使っている友人もいます。なにか腹が立つ出来事があると、思いの丈をスマホにぶつけるそうです。当然、スマホはなにも反論せずに黙って話を最後まで聞いてくれます。言葉を入力したものを目で見ると、事実と感情を切り分けられ、他人事のように客観的に見られて、スッキリするそうです。

音声入力は、抽象的なもの、あいまいなもの、モヤモヤするものの解像度を上げていくうえで、きわめて有効なツールといえます。ぜひ試してみてください。

93
×
タイパの低い人
右クリックを使いまくる
○
タイパの高い人
ショートカットキーを駆使する

作業は効率化を追求する

外資系企業の新人コンサルタントたちは、クライアントに提供すべき価値と時間は相関関係にある、ということを日ごろから強く意識しています。そのひとつとして、マウスを使わずにキーボードだけでパソコンを操作できるように、キーボードの使い方を叩き込まれるそうです。

キーボードを使いこなせると、パソコンでの作業効率を大幅に改善できます。

たとえば、あなたは文章をどうやってコピーしているでしょうか。

マウスを使う場合は、コピーしたい箇所をハイライトし、右クリックでメニューを開いて、コピーを押しペーストするという操作になります。一方で、キーボートで、ショートカットキーを使う場合、ハイライトして「Ctrlキー＋C（コピー）」し「Ctrlキー＋P（ペースト）」で済みます。

「エクセルをパソコン画面で開きながら、電卓を叩く」というような笑い話がありますが、こういう手間も関数を使えば解決できます。

そんなに変わらないよね、という声も聞こえてきそうですが、私が言いたいのは、テクニックを身につけましょう、ということではありません。大事なことは、作業時間をできるかぎり効率化して、価業の時間にあてること。そのためにひとつの手段がこれなのです。

× タイパの低い人

何年も前の機器を使う

○ タイパの高い人

4年に一回は機器を買い換える

成果を出すための「設備投資」

私にとって、**パソコンやタブレット、スマホなどのデジタル機器に使うお金は、なくなってしまう「費用」ではなく、成果を出すための「設備投資」**です。

最近の私のヒットは、久しぶりに買い替えたiPadです。一緒に買ったApple Pencilのおかげで仕事の進め方が劇的に変わりました。私の仕事のひとつに、ホームページやパンフレットなどクライアントの広告デザインの確認作業があります。以前は、受け取ったデータをプリンタで印刷して、赤ペンで修正を入れて、その赤字をスキャンや写真を撮り、パソコンにデータを取り込んで、メールに添付して送るという流れでした。いまは、**iPad**のノートアプリにデータを取り込んで、Apple Pencilで調整箇所を書き込んでPDFに書き出し、そのままメールで返信するだけになりました。プリンタがないカフェなどでも、iPadがあればすぐ対応できるようになりました。おかげで、時間と手間の短縮にくわえて、面倒さへのストレスもかなり減らせたのです。

これに味をしめ、パソコンもMacBook Proの最大スペックのものを買い足しました。動画編集や書き出しをする処理速度をアップし、生産性をあげるのが狙いです。

デジタル機器の性能は日々進化しているので、4年に一回は見直しを検討するのがおすすめです。短期的に見ればお金がかかりますが、長い目で見て、成果につながるかどうかで判断するといいでしょう。

95

タイパの低い人
ITツールは苦手と諦めている
タイパの高い人
ITツールを使って効率化する

ボトルネックにならないように

人の能力はそれほど大差ないものの、**ITツールを使いこなせるかによって、生産性に大きく差が出ます。**ツールに振り回されては本末転倒ですが、これらを使わないのはもったいないことです。

仕事でのコミュニケーションでは、メール以外にもTeams、Zoom、Slack、チェットワーク、メッセンジャーなどさまざまなツールがあります。会社でこうしたツールを活用すると決めたにもかかわらず、「見ていない」「使わない」人がいるので困ってしまうといった嘆きをよく聞きます。

「チャットで送ったので見てください」「えー、オレ、チャットは見ないんだよ」などといったやりとりは不毛です。見ていない人がボトルネックとなり、仕事全体の進み方に悪影響が出てしまいます。**チームとして「使う」と決めたのなら、苦手意識があっても最低限は使いこなせるようにならないとチームが機能しなくなる**でしょう。

こういうときは、「なんのためにツールを導入したか」をもう一度考えてみましょう。目的は、ITツールの使いこなしではなく、時間の短縮や生産性のアップなのです。「ITツールは苦手で……」という人もいるかもしれませんが、ITを使うのは不可逆の流れであと戻りできません。チームで成果を出すためにも、得意な人に聞くなどして対応しましょう。

×タイパの低い人

対面での打合せを重視する

○タイパの高い人

対面でもリモートでも臨機応変

目的に応じて使い分ける

「打合せや会議は対面でないと絶対ダメだ！」と思い込んでいる「**対面絶対主義**」の人がいます。反対に、「いまどき対面なんて」と「**リモート至上主義**」の人もいます。

対面のよさは、相手の顔を見ながら、状況に合わせて話ができることにあります。話したそうにしている人に話題を振れますし、全体のテンポもつかみやすいものです。デメリットは、書類や会議室の用意や移動に時間がかかることです。

リモートのメリットは、投影する資料の準備や移動の時間がかからないため、場所を選ばず、すぐに参加できます。デメリットは、やはり細かいニュアンスが伝わりませんし、双方のネット環境が悪いとスムースに運営できないことがあります。

私がリモートと対面の両方の形式で講演や企業研修、大学の講義をやって感じるのは、「**対面のほうが集合知を生み出しやすい**」ということです。集合知とは、たくさんの人同士で対話することで出てくる気づきや知恵を指します。もちろん、オンラインでもいろいろな工夫はできますが、実際、目の前にいる人たちと話すほうが、ジョークも言いやすいし、顔色も見られるので、いい集合知が出やすい「明るい」雰囲気で対話できます。ブレストなども、対面のほうが向いているでしょう。

目的に応じて、リアルやオンラインを選び、対話をうまくリードできるスキルを身につけましょう。

Column 9

「手法マニア」になってはいけない

学生時代を思い返したときに、参考書にやたらとくわしい同級生はいませんでしたか？　参考書にはくわしいけれど、肝心の成績はそれほどでもない……。こうした人は、クラスに１人くらいはいたのではないでしょうか？

参考書は、その教科を学習するための数多くあるツール・手法のひとつです。こうした人は、「手法マニア」ともいえます。

ビジネスパーソンにも、手法マニアがたくさんいます。

たとえば、「ビジネス書をよく読んでいる」「フレームワークをよく知っている」「最新アプリやデバイスにくわしい」など、さまざまな手法を知っているのは、一見すばらしいことに思えますが、「成果につながっていれば」という大前提があります。

もちろん、手法についての知識をインプットすることは大切です。でも、知識があるだけでは、成果につながりません。知識を手に入れたなら、自分のビジネスでどのように生かせばいいか、具体的に考え、行動していくことが必要です。

手法を成果につなげるためには、実践あるのみです。その先にある結果を振り返り、PDCAを回し続けることによって、スキルとして洗練されていきます。

手法マニアになるのではなく、どんどん実践して成果につなげていきましょう。

第10章

人生を楽しむために

97

×
タイパの低い人

外出しないとできない趣味しかない

←

○
タイパの高い人

自宅ですぐにできる趣味も楽しむ

人生の満足度が変わる

あなたは自宅でなにをしているときが、いちばん楽しいですか？

仕事以外も充実すると、人生の満足度があがるものです。

私は欲張りなので、あれもこれもやりたくなる性分です。旅行やドライブといった外出する趣味以外にも、自宅でも楽しめることがあると毎日の生活が豊かになります。

私は、コロナ禍のときにいったんジム通いをやめました。そのかわりに、腹筋マシンを1台購入したので、移動の時間もなく空いた時間に家でトレーニングができます。

また、若いころは自宅の庭いじりをする父を見て、おじさんくさいなと思っていました。でもいまは私がトマトやバジルを育てています。料理に少し使いたいときには、買いに行くよりも便利ですし、なにより楽しいものです。

私は映画が好きでよく映画館にもいくのですが、Amazonプライムで妻と一緒に映画を見るのも、私にとって大切で贅沢な時間です。

じっくりやる価業はサボる時間です。**プライベートのサボりと仕事のサボりを分ける必要もなく、つなぎ目なしのシームレスでサボればいい**と私は思っています。同じように、旅行やドライブなどの非日常のサボりだけではなく、日常でもどこまでサボり、楽しめるかで、人生の満足度は大きく変わるものです。

×

タイパの低い人

「仕事↓仕事以外」の順番で計画する

←

○

タイパの高い人

「仕事以外↓仕事」の順番でも計画する

シナジーを出せると幸福感アップ

時間を管理する前にタスクを管理するとうまくいく、という話をしました。つまり、**サボる時間をつくる秘訣は、タスクの優先順位をうまくつける**ことです。

それはプライベートでも同じこと。**仕事以外の予定を先に立ててから、仕事の予定を立てると、時間がうまく使えるようになる**ものです。夜に楽しみな飲み会の予定が入っていて、その日の仕事がテキパキ進められた経験がある人も多いでしょう。

私の場合、家族全員の誕生日や、年初に立てた家族旅行の予定をGoogleカレンダーに入れ、そこにはアポは入れません。家族との予定以外にも、資格や仕事以外の勉強やキャリアアップのための準備など、仕事以外でやりたいこともあるはずです。

このように、プライベートを優先した時間も確保してみてはどうでしょうか？　計画は立てたとおりにはいかないものなので、柔軟に対応すればいいのです。私もMBA留学準備中は、勉強の優先順位が高かったですが、大きな案件があると仕事の優先順位をあげていました。転職直後で成果がほしいなら、仕事の優先順位があがるでしょうし、育児中のパパ・ママなら子育ての優先順位があがるでしょう。

ワークとライフはバランスをとるのも大事ですが、どちらもやりたいことをやってシナジー（相乗効果）を出せると幸福感が増します。そのために、広い視野で柔軟に優先順位を決めていきたいところです。

99
×
タイパの低い人
「無料・格安」にこだわる
←
○
タイパの高い人
お金で「ベネフィット」を買う

「使ったときの満足感」を考える

マーケティングの観点での「正しいお金の使い方」があります。それは、「**価格（プライス）」で買うのではなく「価値（ベネフィット）」を買う**ことです。ベネフィットとは体験価値のことで、もっとわかりやすくいえば、使ったときの満足度を指します。

ダウンジャケットを某量販店で買えば1万5000円ですが、高級ブランドショップであれば15万円のものもあります。一概にどちらがいい、という話ではなく、安さを重視する人であれば前者を、着ている満足感を重視する人であれば後者を選ぶでしょう。高級腕時計が大好きな私の友人は、「自尊心を買っているのだ」とうれしそうに話します。当然、その考え方もありでしょう。

大事なのは、値札だけで比べるのではなく、**自分にとっての価値で考える**ことです。お金の使い方ひとつとっても、自分の基準があると有効に使えるようになります。

もうひとつは、「**コスパ（費用対効果）」を考える**ことです。たとえば時給3000円の人が、アプリで1時間を使って百円分のポイントを貯めるのは割に合わない時間の使い方です。私は時間も経営資源と考えるので、この場合の時間も費用に入ります。タイパが高いとはいえないでしょう。

せっかく自分の貴重な時間を使って生み出した価値に対して、お客様から売上を、会社から給料をもらうのですから、そのお金もかしこく使いたいものです。

✕ タイパの低い人

ネガティブな姿勢で転職を考える

←

○ タイパの高い人

キャリアゴールから仕事を考える

キャリアの正解を見つけるのは自分

転職は、あくまで手段にすぎず目的ではありません。

私自身は、10回会社を変わり計11社に勤めました。最初の1社をのぞき、あとの10社ではマーケティングの仕事をしてきたため〝職業〟を変えたのは一度だけなので、「転職」は一回、「転社（そんな言葉はありませんが）」が10回です。

この10回での戦績は4勝2敗4引き分けです。戦績とはおかしな表現ですが、それぞれ「勝ち＝楽しめて、会社と自分とで掲げた成果を出せた」「負け＝楽しめず、成果も出せなかった」「引き分け＝どちらかの要素がなかった」と定義しています。

いま考えてみると、成果を出せた会社に移った動機は「その仕事がやりたかったから」、反対に出せなかった会社に移った動機は「いまの仕事が嫌でやめたいから」でした。**別れ目はポジティブな姿勢だったかどうか**です。

嫌な仕事を我慢する必要はありませんが、そういうときこそ将来に目を向けましょう。大切なのは、**数年先の「なりたい姿」から考えること**です。キャリアの正解は、転職のプロや友人が教えてくれるものではなく、自分で見つけるしかありません。

「キャリアアップ＝転職」とイメージする人も多いですが、スキルアップ、異動、MBA留学、起業、副業も立派なキャリアアップです。「なんのために働いているか？どうなりたいか？」を考え、いまできることをするのがキャリアアップなのです。

101

×
タイパの低い人
世間から見た幸せを求める
○
タイパの高い人
自分の幸せに気づく

人生の主役は自分自身

あなたは日常生活のなかで、どんなときに幸せを感じるでしょうか？

有名企業に勤め、年収が数千万円あり、豪邸に住み、高級車に乗り、ハイブランドの服や時計、装飾品を身につけることでしょうか？

これらを追いかける人は大勢いますし、それを動機に行動している人もいますから、否定するつもりはありません。

でも、他人と比べて優越感に浸ったり、劣等感を感じたりするのであれば、それが「本当に自分が望むものなのか？」を立ち止まって考えてみることをおすすめします。

大切なのは、**他人にうらやましがられたいから、といった他人視点の幸せではなく、自分の望む幸せの形に気づく**ことです。


イメージしやすいように私の例をお話ししておきましょう。

プライベートでは、妻と夕食をとりながら大好きな映画を観ているとき、息子夫婦から孫のかわいい写真が送られてきたとき、娘と外食しながら友人や会社などの話を聞いているとき、愛犬と近所の公園を散歩しているときなど、ふとしたときに小さな幸せを感じます。

仕事では、顧客の成果に貢献できたとき、著書の感想をもらえたとき、ＭＢＡの学生たちから「マーケティングを学んでよかった」と言われたとき、新たな仕事のオファーをもらったときなど、この仕事をやっていてよかったと幸せと喜びを感じます。

つまりは、**自分につながる人たちに価値を提供できたと感じるとき**です。

これらはほんの一部で、プライベートも仕事も、ここには書ききれない幸せがほかにもたくさんあります。

あなたも、**「サボる時間」を利用して、「自分がどんなときに幸せを感じるか？」を、実際に言葉で書き出してみてください。**

せっかくの人生、他人と比べた幸せや世間から見た幸せを追いかけるよりも、自分なりの喜びを追いかけるほうが幸せになれます。

あなたの人生の主役は、あなた自身です。

あなたが「幸せだ」と感じる瞬間がたくさん訪れる人生を歩まれることを心よりお祈りしています。

理央 周（りおう めぐる）
マーケティングアイズ株式会社代表取締役・関西学院大学専門職大学院経営戦略研究科教授。本名:児玉 洋典。1962年生まれ。静岡大学卒業。大手自動車部品メーカー、フィリップモリスなどを経て、米国インディアナ大学にてMBA取得。アマゾン、J:COM、マスターカードなどで、マーケティング・マネジャーを歴任。2010年に起業し翌年法人化。収益を好転させる中堅企業向けコンサルティングと、顧客視点を育てる社員研修を提供。『売れない問題 解決の公式』『「なぜか売れる」の公式』（ともに日本経済新聞出版）、『仕事の速い人が絶対やらない時間の使い方』（日本実業出版社）など著書多数。

なぜ、サボる人ほど成果があがるのか？
「仕事の速い人」になる時間術101

2023年 3 月10日　初版発行

著　者　理央　周 ©M.Rioh 2023
発行者　杉本淳一

発行所　株式会社 日本実業出版社　東京都新宿区市谷本村町 3－29 〒162-0845
編集部　☎03－3268－5651
営業部　☎03－3268－5161　振　替　00170－1－25349
https://www.njg.co.jp/

印 刷／壮 光 舎　　製 本／若林製本

本書のコピー等による無断転載・複製は、著作権法上の例外を除き、禁じられています。
内容についてのお問合せは、ホームページ（https://www.njg.co.jp/contact/）もしくは書面にてお願い致します。落丁・乱丁本は、送料小社負担にて、お取り替え致します。

ISBN 978-4-534-05993-2　Printed in JAPAN

日本実業出版社の本

下記の価格は消費税(10%)を含む金額です。

9割捨てて10倍伝わる「要約力」

山口拓朗
定価 1540円(税込)

最短・最速で確実に伝わる「要約力」を身につけると、仕事の成果が劇的に変わる。もう「あなたの話はよくわからない」「あなたのメールは長くて読んでいない」と言われない！

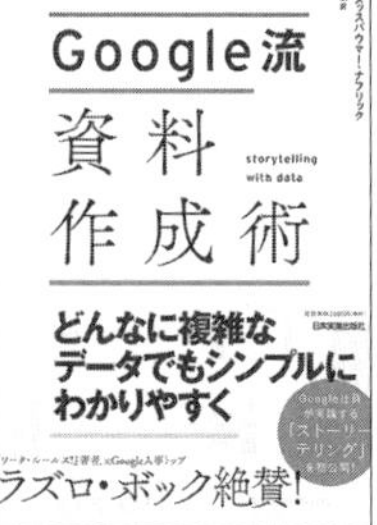

Google流 資料作成術

コール・ヌッスバウマー・ナフリック 著
村井瑞枝 訳
定価 2200円(税込)

『ワーク・ルールズ！』著者、Google人事トップのラズロ・ボック絶賛。どんなに複雑なデータでも、シンプルにわかりやすく伝える資料作成術。データビジュアライゼーションの定番書。

こうして社員は、やる気を失っていく

リーダーのための「人が自ら動く組織心理」

松岡保昌
定価 1760円(税込)

「社員がやる気を失っていく」には共通するパターンがあり、疲弊する組織や離職率の高い会社の「あるあるケース」を反面教師に、改善策を解説。「見えない報酬」を大切にする組織のつくり方。

定価変更の場合はご了承ください。